JN093020

改訂版 はじめての人でもよく解る！

やさしく
学べる ビル管理の法律

石原鉄郎

【著】

第一法規

はしがき

　本書「改訂版　はじめての人でもよく解る！　やさしく学べるビル管理の法律」は、ビルメンテナンス企業の新人担当者が、はじめに知っておきたいビル管理関連法令の基本事項を網羅した入門書です。法令順守の第一歩は法令を知ることです。知らなければ守れません。知らないでは済まされません。

　「第1章　ビル管理とは」では、ビル管理の内容や関係する主な法律や届出などについて解説しています。

　「第2章　環境衛生に関する法律」では、建築物における衛生的環境の確保に関する法律、水道法、浄化槽法、廃棄物の処理及び清掃に関する法律など、環境衛生に関する法律の概要について解説しています。

　「第3章　設備管理に関する法律」では、建築基準法、電気事業法、消防法、高圧ガス保安法、ボイラー及び圧力容器安全規則など、設備管理に関する法律の概要について解説しています。

　「第4章　工事に関する法律」では、建設業法、建築士法、電気工事業の業務の適正化に関する法律、電気工事士法など、工事に関する法律の概要について解説しています。

　「第5章　その他の関係法令」では、労働基準法、労働安全衛生法、エネルギーの使用の合理化及び非化石エネルギーへの転換等に関する法律、警備業法など、関係法令の概要について解説しています。

　本書は、「やさしく学べる」をモットーに、ビル管理関連法令の基本事項について、法令の原文を抜粋して記載し、要点を解説しています。また、太字のキーワードを拾って読むと、法令の概要を把握できるようにしています。さらに、キャラクターによるワンポイント解説、章末にチェックリストを設けることにより、初学者でも理解しやすいように工夫いたしました。

　今般、改訂版を刊行するにあたり、法改正に伴う改定や新たに関係する事項や法令を追加する等して、全般的に見直しました。本書がビル管理の仕事にはじめて従事する方の一助になれば幸いです。

石原　鉄郎

※本書の内容現在日：2022年12月20日（原則）

i

目　　次

第1章
ビル管理とは

ビル管理とは、ビル、すなわち建物を管理することをいいます。管理とは、よい状態であるように気を配り、必要な手段・組織を用いて対処することをいいます。したがって、ビル管理とは、ビルに気を配り、対処することにより、ビルをよい状態に維持することをいい、**維持管理**ともいいます。

1　ビルとは

　ビルとは、**建物**のことで、人が住んだり仕事をしたり、物を入れたりするために建てたものをいい、**建築物**ともいいます。

（1）建築基準法上の建築物

　建築基準法では、建築物は次のように定義されています。

（用語の定義）

第二条　この法律において次の各号に掲げる用語の意義は、それぞれ当
　　　　該各号に定めるところによる。

一　建築物　**土地に定着**する工作物のうち、**屋根及び柱若しくは壁**を有
　　するもの（これに類する構造のものを含む。）、これに附属する門若し
　　くは塀、観覧のための工作物又は地下若しくは高架の工作物内に設け
　　る**事務所、店舗、興行場、倉庫**その他これらに類する施設（鉄道及び
　　軌道の線路敷地内の運転保安に関する施設並びに跨線橋、プラット
　　ホームの上家、貯蔵槽その他これらに類する施設を除く。）をいい、
　　建築設備を含むものとする。

　すなわち、建築物とは、土地に定着する工作物で、屋根・柱・壁があって、門、塀、観覧、事務所、店舗、興行場、倉庫他の施設をいい、**建築設備**を含むものと定義されています。

（2）主要構造部

　建築基準法では、建築物は、「屋根及び柱若しくは壁を有するもの」と定義されていますが、屋根、柱、壁などについては、**主要構造部**として、次のように定義されています。

（用語の定義）

第二条　この法律において次の各号に掲げる用語の意義は、それぞれ当
　　該各号に定めるところによる。

五　主要構造部　**壁、柱、床、はり、屋根**又は**階段**をいい、建築物の構
　　造上重要でない間仕切壁、間柱、付け柱、揚げ床、最下階の床、回り
　　舞台の床、小ばり、ひさし、局部的な小階段、屋外階段その他これら
　　に類する建築物の部分を除くものとする。

　建築基準法上、ビルの壁、柱、床、はり、屋根、階段は、主要構造部とし
て定義されており、これらの総体を**構造体**ともいいます。主要構造部は、ビ
ルの根幹を成すもので、人体に例えると骨格や筋肉に相当する部分といえま
す。

(3) 建築設備とは

　建築設備とは、建築物に設けられているもので、建築基準法で次のように
定義されています。

（用語の定義）

第二条　この法律において次の各号に掲げる用語の意義は、それぞれ当
　　該各号に定めるところによる。

三　建築設備　建築物に設ける**電気、ガス、給水、排水、換気、暖房、
　　冷房、消火、排煙**若しくは**汚物処理の設備**又は**煙突、昇降機**若しくは
　　避雷針をいう。

　建築基準法にて、建築設備として列記されている項目の概要は、次のとお
りです。

① 　電気：電力を供給する設備。電話、放送などの通信設備

② ガス：湯沸器などのガス機器に燃料のガスを供給する設備

③ 給水：トイレなどの水の使用場所へ、水を供給する設備

④ 排水：トイレなどの水の使用場所から、汚水を排除する設備

⑤ 換気：ビル内の空気と屋外の空気を入れ換える設備

⑥ 暖房：ビル内の空気を加熱して、室温を調整する設備

⑦ 冷房：ビル内の空気を冷却して、室温を調整する設備

⑧ 消火：ビル内の火災を警戒し、出火時には警報し、消火する設備

⑨ 排煙：ビル内の火災により発生した煙を排除する設備

⑩ 汚物処理の設備：ビル内で発生した汚物を処理する設備

⑪ 煙突：ビル内で発生した燃料の燃焼に伴う煙を排除する設備

⑫ 昇降機：人や荷物、車などを昇降させる設備。エレベーター

⑬ 避雷針：雷を受けて、雷による電流を大地に排除する設備

　建築設備は、ビルの快適性や安全性などの機能を確保するために肝心な部分で、人体に例えると臓器や神経に相当するものといえます。したがって、ビルの機能をよい状態に維持するためには、**建築設備の管理**が重要です。

図表 1-1　建築物とは

建 築 物

主 要 構 造 部
壁、柱、床、はり、
屋根、階段

建 築 設 備
電気、ガス、給水、排水、
換気、暖房、冷房、消火、
排煙、汚物処理の設備、
煙突、昇降機、避雷針

2　ビル管理とは

　前述したように、**ビル管理**とは、ビルをよい状態に維持することをいい、**維持管理**ともいいます。また、維持管理のことを英語でメンテナンスといい、ビル管理のことを**ビルメンテナンス**ともいいます。

(1) ビル管理の分類

　ビル自体が、高度化、複雑化していくに伴い、ビル管理に求められる内容も多岐にわたりますが、大きく次の 4 つに分けられます。

- ・ビルを快適にする**清掃**
- ・ビルを運用する**設備管理**
- ・ビルの安全を守る**警備**
- ・ビルを便利にする**ビルサービス**

(2) ビルを快適にする清掃

　清掃の仕事には、トイレなどの**日常清掃**、床洗浄や窓ガラス清掃などの**定期清掃**、ビル内のごみの収集・排出などを行う**廃棄物処理**などがあります。日常清掃とは、1 日に 1 回以上実施する清掃をいいます。定期清掃とは、週単位、月単位の一定の周期で行う清掃をいいます。このほか、**臨時清掃**があります。臨時清掃とは、汚れが目立つ部分などに対して、不定期に実施する清掃をいいます。

(3) ビルを運用する設備管理

　設備管理の仕事は、ビルを運用する業務です。運用とは、ものをうまく働かせ使うことをいいます。設備管理の仕事には、**日常点検、定期点検、修繕**などがあります。

　日常点検とは、1 日に 1 回以上行う点検で、施設内を巡回し、機器の外

観や運転状態などに異常がないか点検すること
をいいます。定期点検とは、週単位、月単位の
一定の周期で行う点検をいいます。また、点検
には、法令で実施するように規定されている点
検があり、これを**法定点検**といいます。法定点
検には、消防法で定められている消防設備点検
などがあります。

　修繕とは、傷んだり壊れたりした所を繕い直すこと
をいいます。建築設備などに不具合が発生して使用不
能になると、ビルの機能を損なうことになるので、傷
んだり壊れたりする前に修繕します。これを**予防保全**
といいます。これに対して、傷んだり壊れたりした後
に修繕することを**事後保全**といいます。設備管理は、
予防保全の考えに立って、不具合を予防することが大切です。

（4）ビルの安全を守る警備
　警備の仕事の目的は、ビルの安全を守ることです。
したがって、警備の業務は、火災や地震などの災害に
よる被害を防止する**防災**業務、不法侵入や盗難などの
犯罪を防止する**防犯**業務があります。業務内容として
は**防災センター**業務、**入退室管理**業務、**駐車場管理**業
務などがあり、具体的な仕事としては、施設内をパト

ロールする**巡回点検**、エントランスなどに立ち警戒する**立哨**、施設内の車両
の**誘導**、**侵入警報**などに対する出動などがあります。また、**警備業務**は、警
備業法という法律に則って実施する必要があります。

（5）ビルを便利にするビルサービス
　清掃、設備管理、警備以外でビルを便利にするサービスには、来館者の受

付・案内をする**受付業務**、入館者宛ての郵便物、宅配物を受取・配布する**メール業務**、シャトルバスなどの**運行管理**などがあります。

図表 1-2　ビル管理とは

ビ ル 管 理			
清　掃	**設 備 管 理**	**警　備**	**ビルサービス**
・日常清掃	・日常点検	・防災業務	・受付業務
・定期清掃	・定期点検	・防犯業務	・メール業務
・臨時清掃	・修繕		・運行管理
・廃棄物処理			

3　ビル管理に関係する主な法律

　法律とは、社会秩序を維持するために強制されるルールで、国会の議決を経て制定されるものをいいます。多数の者が利用するビルは、公共性の高い場所です。したがって、ビルには、社会秩序を維持するため、様々なルールが定められています。

（1）ビルを良好に保つために法律で定められたルール

　ビルを良好に保つために法律で定められたルールは、次のように大別する

ことができます。

図表 1-3　主なルール

ビルを良好に保つための主なルール

点検・整備
・空気環境測定
・貯水槽の清掃
・消防設備点検
　　など

有資格者の選任
・建築物環境衛生管理技術者
・電気主任技術者
・危険物保安監督者
　　など

①点検・整備

「ビルを良好に保つように**点検・整備**しなさい」というルールで、すなわち**法定点検・整備**です。建築物における衛生的環境の確保に関する法律（ビル管法）に定められた空気環境測定や水道法による貯水槽の清掃、消防法による消防設備点検などがあります。

②有資格者の選任

「ビルを良好に保つように一定の**資格を有している者を選任**し、監督させなさい」というルールで、資格にはビル管法に定められた建築物環境衛生管理技術者（ビル管理技術者）や電気事業法による電気主任技術者、消防法による危険物保安監督者などがあります。

（2）点検・整備

ビル管理に関する主な法定点検・整備は次のとおりです。

図表 1-4　ビル管理に関する主な法定点検・整備など

法　律	法定点検・整備
建築物における衛生的環境の確保に関する法律（ビル管法）	・空気環境の調整 ・給水及び排水の管理 ・清掃 ・ねずみ、昆虫等の防除
水道法	・貯水槽の清掃
建築基準法	・定期検査報告
電気事業法	・保安規程の作成・届出
消防法	・消防設備点検
労働安全衛生法 ボイラー及び圧力容器安全規則	・ボイラー性能検査 ・ボイラー定期自主検査
高圧ガス保安法	・性能検査 ・定期自主検査
エネルギーの使用の合理化及び非化石エネルギーへの転換等に関する法律（※）（省エネ法）	・定期報告書 ・中長期計画書

※　旧：エネルギーの使用の合理化等に関する法律。令和 5 年 4 月 1 日より法律名改正。
　　本書では改正後の法律名で表記しています。

(3) 有資格者の選任

　　ビル管理に関し、選任が必要な主な有資格者は次のとおりです。

図表 1-5　ビル管理において選任が必要な主な有資格者

法　律	有資格者
建築物における衛生的環境の確保に関する法律（ビル管法）	・建築物環境衛生管理技術者（ビル管理技術者）
電気事業法	・電気主任技術者
消防法	・防火管理者 ・危険物保安監督者

労働安全衛生法 ボイラー及び圧力容器安全規則	・ボイラー取扱作業主任者
高圧ガス保安法	・冷凍保安責任者
エネルギーの使用の合理化及び非化石エネルギーへの転換等に関する法律（省エネ法）	・エネルギー管理者 ・エネルギー管理員

（4）ビル管理に関する主な法律の目的

　ビル管理に関する点検・整備や有資格者の選任の根拠となっている主な法律の目的は、次のとおりです。

①建築物における衛生的環境の確保に関する法律（ビル管法）

（目的）

第一条　この法律は、多数の者が使用し、又は利用する**建築物の維持管理に関し環境衛生上必要な事項等を定める**ことにより、その**建築物における衛生的な環境の確保**を図り、もつて**公衆衛生の向上及び増進**に資することを目的とする。

②水道法

（この法律の目的）

第一条　この法律は、水道の布設及び管理を適正かつ合理的ならしめるとともに、水道の基盤を強化することによつて、**清浄にして豊富低廉な水の供給**を図り、もつて**公衆衛生の向上**と**生活環境の改善**とに寄与することを目的とする。

③建築基準法

（目的）

第一条　この法律は、**建築物**の敷地、構造、設備及び用途に関する**最低の基準**を定めて、**国民の生命、健康及び財産の保護**を図り、もつて公共の福祉の増進に資することを目的とする。

④電気事業法

（目的）

第一条　この法律は、電気事業の運営を適正かつ合理的ならしめることによつて、電気の使用者の利益を保護し、及び電気事業の健全な発達を図るとともに、**電気工作物の工事、維持及び運用を規制**することによつて、**公共の安全**を確保し、及び**環境の保全**を図ることを目的とする。

⑤消防法

第一条　この法律は、**火災を予防し、警戒し及び鎮圧**し、国民の生命、身体及び財産を火災から保護するとともに、火災又は地震等の災害による被害を軽減するほか、災害等による傷病者の搬送を適切に行い、もつて安寧秩序を保持し、社会公共の福祉の増進に資することを目的とする。

4 ビル管理に必要な主な法定点検・整備

　前述したように多数の人が出入りするビルは、公共性が高いので、ビルを良好な状態に保つことは社会にとって必要不可欠なことです。したがって、ビルが良好な状態にあるかどうか点検し、必要に応じて整備することが、社会のルールとして法律で定められています。法律で定められている点検・整備を、法定点検・整備といいます。**ビル管理に必要な主な法定点検・整備**は次のとおりです。

(1) 建築物における衛生的環境の確保に関する法律に基づく法定点検・整備

　建築物における衛生的環境の確保に関する法律（ビル管法）に基づく、主な法定点検・整備は次のとおりです。

①空気環境の調整

　ビル内の空気の汚染指標（浮遊粉じん、一酸化炭素、二酸化炭素など）と環境指標（温度、相対湿度、気流）を**管理基準値に維持**するとともに、**定期的に測定**することが義務づけられています。

②空気調和設備に関する衛生上必要な措置

　管理を怠ると細菌が繁殖しやすい**冷却塔、加湿装置、空気調和機の排水受け**について、定期的な点検と清掃をすることが義務づけられています。

③給水の管理

　飲料水の水質検査、貯水槽の清掃及び飲料水以外の**雑用水の水質検査**について、定期的に実施することが義務づけられています。

水質検査と貯水槽の清掃は、
水道法にも定められています。

④排水の管理

排水設備（排水槽など）の清掃を定期的に実施することが義務づけられて
います。

⑤掃除、廃棄物の処理

掃除を日常的に行い、**大掃除を定期的**に実施することが義務づけられてい
ます。

⑥ねずみ等の防除

ねずみ、蚊、ゴキブリ、ハエなどの生息状況などを**定期的に調査**し、調査
結果に基づき、駆除など**必要な措置**を講ずることが義務づけられています。

害虫は、調査して異常なければそれでよし、
異常があったら駆除などの措置となります。

（2）消防法に基づく法定点検・整備

消防法に基づく、主な法定点検・整備は次のとおりです。

①消防設備点検

屋内消火栓、自動火災報知設備など消防法の設置基準に基づいて設置され
た**消防設備**について、定期的に**点検**し、結果を所定の機関へ**報告**することが

義務づけられています。

②防火対象物点検

　ビルなど、消防法上、防火すべき対象となる物を防火対象物といいます。防火対象物において、防火管理者の選任、避難訓練の実施などの**防火管理上必要な業務**等について、定期的に**点検**し、結果を所定の機関へ**報告**することが義務づけられています。

　消防設備点検は設備面の点検、防火対象物点検は運用面の点検です。

(3) 建築基準法に基づく定期調査・検査

　建築基準法に基づく、主な定期調査・検査は、次のとおりです。

①特定建築物定期調査

　特に定められた**建築物**の劣化状況や維持管理状況について、定期的に**調査**し、結果を所定の機関へ**報告**することが義務づけられています。

②防火設備定期検査

　防火扉や防火シャッターなどの**防火設備**について、定期的に**検査**し、所定の機関へ結果を**報告**することが義務づけられています。

③建築設備定期検査

　換気設備、排煙設備、非常用照明などの**建築設備**について、定期的に**検査**し、結果を所定の機関へ**報告**することが義務づけられています。

④昇降機等定期検査

エレベーター、エスカレーターなどの**昇降設備**について、定期的に**検査**し、結果を所定の機関へ**報告**することが義務づけられています。

建築基準法に基づく定期検査を実施して報告すると、報告済証が所定の機関から発行されます。

（4）電気事業法に基づく定期点検・整備

電気事業法では、電気工作物の保安を確保するため、**保安規程**の作成・届出・順守が義務づけられています。保安規程に定めるべき事項として、保安教育や巡視・点検・検査に関することが規定されており、**保安規程に則って点検**などを実施することが義務づけられています。

（5）労働安全衛生法に基づく定期点検・整備

労働安全衛生法に基づく、主な定期点検・整備は次のとおりです。

①ボイラーの性能検査・定期自主検査

労働安全衛生法の関係規則であるボイラー及び圧力容器安全規則に基づき、**ボイラー**や貯湯槽などの圧力容器は、定期的に**性能検査**を受検し、**自主検査**を実施することが義務づけられています。

②ゴンドラの性能検査・定期自主検査

労働安全衛生法の関係規則であるゴンドラ安全規則に基づき、**ゴンドラ**（昇降するつり足場）は定期的に**性能検査を受検**し、**自主検査**を実施することが義務づけられています。

ボイラーやゴンドラの性能検査は、自主検査ではなく、自動車の車検制度のように受検する必要があります。検査に合格すると検査証の有効期限が更新されます。

（6）高圧ガス保安法に基づく定期検査・整備

　ビルの冷房などに使用される**冷凍機**などの冷凍機械のうち、一定の条件のものは、高圧ガス保安法に基づき、定期的に**保安検査**を受検し、**自主検査**を実施することが義務づけられています。

現在、一般に、ビルにおいては、パッケージ型空気調和機や吸収冷凍機など、高圧ガス保安法の適用を受けない方式の空調設備が広く普及しています。

（7）エネルギーの使用の合理化及び非化石エネルギーへの転換等に関する法律に基づく定期点検・整備

　エネルギーの使用の合理化及び非化石エネルギーへの転換等に関する法律（省エネ法）に基づく、主な定期点検・整備は次のとおりです。

①定期報告書の提出

　エネルギー使用量が一定規模以上のビル等は、所定の機関へ定期的にエネルギー使用状況についての**報告書**を作成・**提出**し、**報告**することが義務づけられています。

②中長期計画書の提出

　エネルギー使用量が一定規模以上のビル等は、所定の機関へ定期的にエネルギーの使用の合理化を達成するための中長期的な**計画書**を作成・**提出**し、

報告することが義務づけられています。

中長期計画における「実施期間」の
目安は 3 ～ 5 年です。

5　ビル管理に必要な主な資格者

　ビルを良好な状態に保つように、一定の資格者を有している者を選任し、監督させることが、法律で定められています。ビルに選任が必要な主な資格者は次のとおりです。

（1）建築物環境衛生管理技術者

　建築物環境衛生管理技術者（ビル管理技術者）は、建築物における衛生的環境の確保に関する法律（ビル管法）に、次のように定められています。

> （建築物環境衛生管理技術者の選任）
> 　第六条　特定建築物所有者等は、当該特定建築物の**維持管理**が**環境衛生**上適正に行なわれるように監督をさせるため、厚生労働省令の定めるところにより、建築物環境衛生管理技術者**免状**を有する者のうちから**建築物環境衛生管理技術者を選任**しなければならない。

建築物環境衛生管理技術者は、ビルの環境衛生を
監督する技術者です。

また、建築物環境衛生管理技術者の選任については、建築物における衛生的環境の確保に関する法律施行規則第5条に次のように規定されています。

（建築物環境衛生管理技術者の選任）

第五条　特定建築物所有者等は、**特定建築物**ごとに建築物環境衛生管理技術者を**選任**しなければならない。

2　特定建築物所有者等は、前項の規定による選任を行う場合において、選任しようとする者が**同時に二以上**の特定建築物の建築物環境衛生管理技術者を**兼ねる**こととなるときには、当該二以上の特定建築物の建築物環境衛生管理技術者となつてもその業務の遂行に**支障がない**ことを**確認**しなければならない。

3　前項の規定は、特定建築物所有者等が現に選任している建築物環境衛生管理技術者が、**新たに他の特定建築物**の建築物環境衛生管理技術者を**兼ねようとする**場合について**準用**する。

4　特定建築物所有者等は、第二項（前項において準用する場合を含む。第二十条第一項第三号において同じ。）の規定による**確認**を行う場合において、当該特定建築物について当該特定建築物所有者等以外に特定建築物維持管理権原者があるときは、あらかじめ、当該特定建築物**維持管理権原者の意見**を聴かなければらない。（※）

※　原文ママ

建築物環境衛生管理技術者の選任についてまとめると次のとおりです。

① **特定建築物ごと**に建築物環境衛生管理技術者を**選任**する必要があります。

② **2つ以上**の特定建築物の建築物環境衛生管理技術者を**兼ねる**ときには、**支障がない**ことを**確認**する必要があります。

③ **他に維持管理権原者**がいる場合には、他の維持管理権原者の**意見**を聴く必要があります。

2つ以上の特定建築物を兼ねる場合には、意見を聴いて支障がないことを確認しなければなりません。

(2) 電気主任技術者

電気主任技術者は、電気事業法に、次のように定められています。

（主任技術者）

第四十三条　**事業用電気工作物を設置する者**は、事業用電気工作物の工事、維持及び運用に関する**保安の監督**をさせるため、主務省令で定めるところにより、主任技術者**免状**の交付を受けている者のうちから、**主任技術者を選任**しなければならない。

電気主任技術者は、事業で使用する電気設備などの事業用電気工作物を保安監督する技術者です。

(3) 防火管理者

防火管理者は、消防法に次のように定められています。

第八条　学校、病院、工場、事業場、興行場、百貨店（これに準ずるものとして政令で定める大規模な小売店舗を含む。以下同じ。）、複合用途防火対象物（防火対象物で政令で定める二以上の用途に供されるものをいう。以下同じ。）その他多数の者が出入し、勤務し、又は居住する防火対象物で政令で定めるものの管理について権原を有する者

は、政令で定める**資格**を有する者のうちから**防火管理者**を定め、政令で定めるところにより、当該防火対象物について**消防計画の作成**、当該消防計画に基づく消火、通報及び避難の**訓練の実施**、消防の用に供する設備、消防用水又は消火活動上必要な**施設の点検及び整備**、**火気の使用又は取扱いに関する監督**、避難又は防火上必要な構造及び設備の**維持管理**並びに**収容人員の管理**その他**防火管理上必要な業務**を行わせなければならない。

防火管理者は、消防計画、避難訓練、施設の点検・整備など、防火管理を行う管理者です。

（4）危険物保安監督者

危険物保安監督者は、消防法に次のように定められています。

第十三条　政令で定める製造所、貯蔵所又は取扱所の所有者、管理者又は占有者は、**甲種危険物取扱者**（甲種危険物取扱者**免状**の交付を受けている者をいう。以下同じ。）又は**乙種危険物取扱者**（乙種危険物取扱者**免状**の交付を受けている者をいう。以下同じ。）で、六月以上危険物取扱いの**実務経験**を有するもののうちから**危険物保安監督者**を定め、総務省令で定めるところにより、その者が取り扱うことができる危険物の取扱作業に関して**保安の監督**をさせなければならない。

危険物保安監督者は、ボイラーの燃料に使用される重油などの危険物の取扱作業の監督者です。

（5）ボイラー取扱作業主任者

　ボイラーとは、内部が加圧状態の容器（圧力容器という）内で水を加熱する装置をいいます。ボイラーはビルの暖房や給湯などに使用されます。

　ボイラー取扱作業主任者は、労働安全衛生法の関係規則であるボイラー及び圧力容器安全規則に、次のように定められています。

（ボイラー取扱作業主任者の選任）

第二十四条　事業者は、令第六条第四号の作業については、次の各号に掲げる作業の区分に応じ、当該各号に掲げる者（**※ボイラー技士**等）のうちから、**ボイラー取扱作業主任者を選任**しなければならない。

※　筆者注

　また、ボイラー取扱作業主任者の職務は、次のように定められています。

（ボイラー取扱作業主任者の職務）

第二十五条　事業者は、ボイラー取扱作業主任者に次の事項を行わせなければならない。

　一　圧力、水位及び燃焼状態を**監視**すること。

　二　急激な**負荷の変動を与えない**ように努めること。

　三　最高使用圧力をこえて**圧力を上昇させない**こと。

　四　**安全弁の機能の保持**に努めること。

　五　一日に一回以上水面測定装置の機能を**点検**すること。

六　適宜、吹出しを行ない、ボイラー水の**濃縮を防ぐ**こと。

七　**給水装置の機能の保持**に努めること。

八　低水位燃焼しや断装置、火炎検出装置その他の自動制御装置を**点検**し、及び**調整**すること。

九　ボイラーについて異状を認めたときは、直ちに必要な**措置**を講じること。

十　排出されるばい煙の測定濃度及びボイラー取扱い中における異常の有無を**記録**すること。

ボイラー取扱作業主任者は、ボイラーの監視、点検、調整、措置などのボイラーの取扱作業を行います。

(6) 冷凍保安責任者

　冷凍機械とは、ビルの冷房などに用いる冷水を製造する冷凍機などをいいます。冷凍機のうち、圧縮機で加圧して高圧のガスを製造し、一定規模以上のものが、高圧ガス保安法の規制対象となります。

　冷凍保安責任者は、高圧ガス保安法に次のように定められています。

（冷凍保安責任者）

第二十七条の四　次に掲げる者は、事業所ごとに、経済産業省令で定めるところにより、製造保安責任者**免状**の交付を受けている者であつて、経済産業省令で定める高圧ガスの製造に関する経験を有する者のうちから、**冷凍保安責任者を選任**し、第三十二条第六項に規定する職務を行わせなければならない。

（保安統括者等の職務等）

第三十二条　保安統括者は、高圧ガスの製造に係る保安に関する業務を
　　統括管理する。

6　冷凍保安責任者は、**高圧ガスの製造に係る保安に関する業務**を管理
　　する。

冷凍保安責任者は、高圧ガス製造の保安業務を管理する責任者です。

（7）エネルギー管理者・エネルギー管理員

　エネルギーの使用の合理化及び非化石エネルギーへの転換等に関する法律
の規定により、一定以上のエネルギーを使用する者は、エネルギー管理者ま
たはエネルギー管理員を選任しなければなりません。

第十一条　第一種特定事業者は、経済産業省令で定めるところにより、
　　その設置している第一種エネルギー管理指定工場等ごとに、政令で定
　　める基準に従つて、**エネルギー管理士免状**の交付を受けている者のう
　　ちから、第一種エネルギー管理指定工場等における**エネルギーの使用
　　の合理化**に関し、エネルギーを消費する設備の維持、エネルギーの使
　　用の方法の改善及び監視その他経済産業省令で定める業務を管理する
　　者（次項において「**エネルギー管理者**」という。）を**選任**しなければ
　　ならない。ただし、第一種エネルギー管理指定工場等のうち次に掲げ
　　るものについては、この限りでない。

第十四条　第二種特定事業者は、経済産業省令で定めるところにより、
　　その設置している第二種エネルギー管理指定工場等ごとに、第九条第

一項各号に掲げる者のうちから、第二種エネルギー管理指定工場等における**エネルギーの使用の合理化**に関し、エネルギーを消費する設備の維持、エネルギーの使用の方法の改善及び監視その他経済産業省令で定める業務を管理する者（以下この条において「**エネルギー管理員**」という。）を**選任**しなければならない。

> エネルギー管理者・エネルギー管理員は、エネルギーの使用の合理化に関する業務を管理します。

6　ビル管理に必要な主な届出

　ビルには、ビルを良好な状態に保つように、主に、一定の資格者を有している者を選任することと、定期的に点検することが法律で定められています。さらに、選任した旨、点検を実施した旨を、所管行政組織に届出・報告することが義務づけられているものもあります。ビル管理に必要な主な届出・報告は次のとおりです。

（1）建築物における衛生的環境の確保に関する法律の届出

　建築物における衛生的環境の確保に関する法律（ビル管法）において、特定建築物（41 頁参照）の届出は、次のように定められています。

（特定建築物についての届出）

第五条　特定建築物の所有者（所有者以外に当該特定建築物の全部の管理について権原を有する者があるときは、当該権原を有する者）（以下「特定建築物所有者等」という。）は、当該**特定建築物が使用されるに至つたときは、その日から一箇月以内**に、厚生労働省令の定める

ところにより、当該特定建築物の所在場所、用途、延べ面積及び構造
設備の概要、建築物環境衛生管理技術者の氏名その他厚生労働省令で
定める事項を**都道府県知事**（**保健所を設置する市又は特別区にあつて
は、市長又は区長**。以下この章並びに第十三条第二項及び第三項にお
いて同じ。）に**届け出**なければならない。

特定建築物に該当する場合、使用開始から 1 カ
月以内に知事または市区長へ届出が必要です。

（2）電気事業法の届出

　電気事業法の届出は、保安規程と電気主任技術者について、次のように定
められています。

①保安規程

　電気事業法において、保安規程の届出は、次のように定められています。
なお、本書では、令和 5 年 3 月 20 日施行の内容に合わせています。

（保安規程）
第四十二条　事業用電気工作物（小規模事業用電気工作物を除く。以下
　　この款において同じ。）を設置する者は、事業用電気工作物の工事、
　　維持及び運用に関する保安を確保するため、主務省令で定めるところ
　　により、保安を一体的に確保することが必要な事業用電気工作物の組
　　織ごとに**保安規程**を定め、当該組織における事業用電気工作物の**使用**
　　（第五十一条第一項又は第五十二条第一項の自主検査を伴うものにあ
　　つては、その工事）の**開始前**に、**主務大臣**に届け出なければならない。

保安規程（保安に関するルール）を定め、使用開始前に主務大臣（経済産業大臣）へ届出が必要です。

②電気主任技術者

電気事業法において、電気主任技術者の届出は、次のように定められています。

（主任技術者）

第四十三条

3　事業用電気工作物を設置する者は、**主任技術者を選任**したとき（前項の許可を受けて選任した場合を除く。）は、**遅滞なく**、その旨を**主務大臣に届け出**なければならない。これを**解任**したときも、同様とする。

電気主任技術者を選任したときは主務大臣（経済産業大臣）へ届出が必要です。解任したときも届出が必要です。

（3）消防法の届出

消防法の届出は、防火管理者、危険物保安監督者、消防設備点検について、次のように定められています。

①防火管理者

消防法において、防火管理者の届出は、次のように定められています。

第八条

②　前項の権原を有する者は、同項の規定により**防火管理者**を定めたときは、**遅滞なく**その旨を所轄**消防長又は消防署長**に**届け出**なければならない。これを**解任**したときも、同様とする。

防火管理者を選任したときは、遅滞なく、消防長または消防署長へ届出が必要です。解任したときも届出が必要です。

②危険物保安監督者

消防法において、危険物保安監督者の届出は、次のように定められています。

第十三条

②　製造所、貯蔵所又は取扱所の所有者、管理者又は占有者は、前項の規定により**危険物保安監督者**を定めたときは、**遅滞なく**その旨を**市町村長**等に届け出なければならない。これを**解任**したときも、同様とする。

防火管理者の届出先は消防長または消防署長ですが、危険物保安監督者の届出先は市町村長等です。

③消防用設備の点検・報告

消防法において、消防設備の点検・報告は、次のように定められています。

第十七条の三の三　第十七条第一項の防火対象物（政令で定めるものを
　除く。）の関係者は、当該防火対象物における**消防用設備**等又は特殊
　消防用設備等（第八条の二の二第一項の防火対象物にあつては、消防
　用設備等又は特殊消防用設備等の機能）について、総務省令で定める
　ところにより、**定期**に、当該防火対象物のうち政令で定めるものにあ
　つては消防設備士免状の交付を受けている者又は総務省令で定める資
　格を有する者に**点検**させ、その他のものにあつては自ら点検し、その
　結果を**消防長又は消防署長**に**報告**しなければならない。

消防用設備を免状または資格を有している者に定
期に点検させ、結果を消防長または消防署長に報
告する必要があります。

（4）高圧ガス保安法の届出

高圧ガス保安法の届出は、危害予防規程、冷凍保安責任者について、次の
ように定められています。

①危害予防規程

高圧ガス保安法において、危害予防規程の届出は、次のように定められて
います。

（危害予防規程）
第二十六条　第一種製造者は、経済産業省令で定める事項について記載
　した**危害予防規程**を定め、経済産業省令で定めるところにより、**都道**

府県知事に**届け出**なければならない。これを**変更**したときも、同様とする。

危害予防規程（事故防止等のためのルール）を定め、都道府県知事へ届出が必要です。

②冷凍保安責任者

　高圧ガス保安法において、冷凍保安責任者の届出は、次のように定められています。

（冷凍保安責任者）

第二十七条の四

２　第二十七条の二第五項の規定は、**冷凍保安責任者**の**選任**又は**解任**について準用する。

> 第二十七条の二
>
> ５　第一項第一号又は第二号に掲げる者は、同項の規定により保安統括者を選任したときは、**遅滞なく**、経済産業省令で定めるところにより、その旨を**都道府県知事**に**届け出**なければならない。これを解任したときも、同様とする。

冷凍保安責任者を選任したときは、遅滞なく、都道府県知事へ届出が必要です。解任したときも届出が必要です。

(5) エネルギーの使用の合理化及び非化石エネルギーへの転換等に関する法律の届出

　エネルギーの使用の合理化及び非化石エネルギーへの転換等に関する法律の届出は、エネルギー管理者・エネルギー管理員が次のように定められています。

①エネルギー管理者・エネルギー管理員

　エネルギーの使用の合理化及び非化石エネルギーへの転換等に関する法律において、エネルギー管理者・エネルギー管理員は、次のように規定されています。

第十一条

2　第一種特定事業者は、経済産業省令で定めるところにより、**エネルギー管理者の選任又は解任**について**経済産業大臣**に**届け出**なければならない。

第十四条

3　第二種特定事業者は、経済産業省令で定めるところにより、**エネルギー管理員の選任又は解任**について**経済産業大臣**に**届け出**なければならない。

エネルギー管理者・エネルギー管理員ともに、選任・解任時に経済産業大臣へ届出が必要です。

②中長期的な計画

　エネルギーの使用の合理化及び非化石エネルギーへの転換等に関する法律において、中長期的な計画の提出は、次のように規定されています。

（中長期的な計画の作成）

第十五条　特定事業者は、経済産業省令で定めるところにより、**定期**に、その設置している工場等について第五条第一項に規定する判断の基準となるべき事項において定められた**エネルギーの使用の合理化の目標**に関し、その達成のための**中長期的な計画**を作成し、**主務大臣**に**提出**しなければならない。

エネルギー使用の合理化目標に対する中長期的な計画を主務大臣（経済産業大臣）に提出する必要があります。

③エネルギー使用量等の定期報告

　エネルギーの使用の合理化及び非化石エネルギーへの転換等に関する法律において、エネルギー使用量等の定期報告は、次のように規定されています。

（定期の報告）

第十六条　特定事業者は、**毎年度**、経済産業省令で定めるところにより、その設置している工場等における**エネルギーの使用量**その他エネルギーの使用の状況（エネルギーの使用の効率及びエネルギーの使用に伴つて発生する二酸化炭素の排出量に係る事項を含む。）並びにエネルギーを消費する設備及びエネルギーの使用の合理化に関する設備の設置及び改廃の状況に関し、経済産業省令で定める事項を**主務大臣**に**報告**しなければならない。

毎年のエネルギー使用量等を主務大臣（経済産業
大臣）に報告する必要があります。

図表 1-6　ビル管理に必要な主な届出・報告

法　　律	対　　象	時　　期	届出・報告
建築物における衛生的環境の確保に関する法律	特定建築物	使用開始から1カ月以内	知事または市区長へ届出
電気事業法	保安規程	使用開始前	経済産業大臣へ届出
	電気主任技術者	選任後遅滞なく	経済産業大臣へ届出
消防法	防火管理者	選任後遅滞なく	消防長または消防署長へ届出
	危険物保安監督者	選任後遅滞なく	市町村長等へ届出
	消防用設備	定期に	点検結果を消防長または消防署長に報告
高圧ガス保安法	危害予防規程	―	都道府県知事へ届出
	冷凍保安責任者	選任後遅滞なく	都道府県知事へ届出
エネルギーの使用の合理化及び非化石エネルギーへの転換等に関する法律	エネルギー管理者・エネルギー管理員	省令で定める（エネルギー管理者・エネルギー管理員を選任すべき事由が生じた日から6カ月以内に選任すること。）	経済産業大臣へ届出

中長期的な計画	定期に	経済産業大臣に提出
エネルギー使用量等	毎年度	経済産業大臣に報告

第1章のポイント

☐　建築基準法上の建築物とは、土地に定着する工作物のうち、屋根及び柱もしくは壁を有するもの、附属する工作物、地下や高架の工作物内に設ける施設をいい、建築設備を含む。

☐　建築基準法上の建築設備とは、建築物に設ける電気、ガス、給水、排水、換気、暖房、冷房、消火、排煙もしくは汚物処理の設備または煙突、昇降機もしくは避雷針をいう。

☐　建築基準法の主要構造部とは、壁、柱、床、はり、屋根または階段をいう。

☐　間仕切壁、間柱、付け柱、揚げ床、最下階の床、回り舞台の床、小ばり、ひさし、局部的な小階段、屋外階段その他これらに類する建築物の部分は、主要構造部から除外されている。

☐　ビル管理は、ビルを快適にする清掃、ビルを運用する設備管理、ビルの安全を守る警備、ビルを便利にするビルサービスなどに分類される。

☐　設備管理の仕事には、日常点検、定期点検、修繕などがある。

☐　修繕には、傷んだり壊れたりする前に修繕する予防保全と、傷んだり壊れたりした後に修繕する事後保全がある。

☐　ビルを良好に保つために法律で定められたルールには、点検整備と有資格者の選任がある。

☐　法定点検・整備には、空気環境測定、貯水槽の清掃、消防設備点検などの実施がある。

☐　有資格者の選任には、ビル管理技術者、電気主任技術者、危険物保安監督者などの選任がある。

☐　ビル管理に関する主な法律には、建築物の衛生的環境の確保に関する法律（ビル管法）、水道法、建築基準法、電気事業法、消防法などがある。

☐　ビル管法に基づく法定点検・整備には、空気環境の調整、空気調和設備に関する衛生上必要な措置、給水の管理、排水の管理、掃除、廃棄物の処理、ねずみ等の防除などがある。

☐　消防法に基づく法定点検・整備には、消防設備点検、防火対象物点検などがある。

☐　建築基準法に基づく定期調査・検査には、特定建築物定期調査、防火設備定期検査、建築設備定期検査、昇降機等定期検査などがある。

☐　労働安全衛生法に基づく定期点検・整備には、ボイラーの性能検査・定期自主検査、ゴンドラの性能検査・定期自主検査などがある。

☐　ビルに選任が必要な資格者には、建築物環境衛生管理技術者、電気主任技術者、防火管理者、危険物保安監督者、ボイラー取扱作業主任者、冷凍保安責任者、エネルギー管理者・エネルギー管理員などがある。

☐　ビル管理に必要な届出には、ビル管法の特定建築物届、電気事業法の保安規程、消防設備点検、選任・解任届（電気主任技術者、防火管理者、危険物保安監督者など）、省エネ法の中長期計画、定期報告などがある。

第2章
環境衛生に関する法律

ビルの環境衛生に関する主な法律は、次のとおりです。

- 建築物における衛生的環境の確保に関する法律
- 水道法
- 浄化槽法
- 廃棄物の処理及び清掃に関する法律
- 下水道法
- 大気汚染防止法
- 水質汚濁防止法
- 事務所衛生基準規則
- 各種リサイクル法

1　建築物における衛生的環境の確保に関する法律

（1）目的

　多数の者が使用・利用する建築物の環境衛生上必要な事項等を定め、建築物の**衛生的な環境**の確保を図り、**公衆衛生**の向上及び増進を目的としています。

（2）主な法規制

　建築物における衛生的環境の確保に関する法律（ビル管法）における主な規制は次のとおりです。

① 建築物環境衛生**管理基準**の順守（法第4条）

② 特定建築物についての**届出**（法第5条）

③ 建築物環境衛生管理技術者の**選任**（法第6条）

> 特定建築物に該当すると、特定建築物の届出、建築物環境衛生管理技術者の選任、建築物環境衛生管理基準の順守が義務づけられます。

（3）建築物環境衛生管理基準

　建築物環境衛生管理基準の概要は、次のとおりです。

①空気環境の調整

　事務室など継続的に使用する居室において、次の表の基準に適合するよう維持管理に努め、基準を満たしているかどうか定期的に測定する必要があります。

図表 2-1　空気環境の維持基準

No.	項目	基準値	測定回数
1	浮遊粉じん	0.15mg/m³ 以下	2カ月以内ごとに1回
2	一酸化炭素の含有率	6ppm 以下	
3	二酸化炭素の含有率	1,000ppm 以下	
4	温度	18℃以上 28℃以下	
5	相対湿度	40%以上 70%以下	
6	気流	0.5m/s 以下	
7	ホルムアルデヒドの量	0.1mg/m³（0.08ppm）以下	新築、増築、大規模の修繕または大規模の模様替えをし、使用開始から**直近の6月1日から9月30日**までの間に1回

出典：厚生労働省ウェブサイト「建築物環境衛生管理基準について」(https://www.mhlw.go.jp/bunya/kenkou/seikatsu-eisei10/) をもとに筆者作成。

ホルムアルデヒドとは、揮発性有機化合物の1つで、揮発して濃度が上昇しやすい新築等の直後の夏期に測定する必要があります。

②空気調和設備の衛生上必要な措置

　空気調和設備は、細菌・ウィルスなどの病原体によって居室の空気が汚染されることを防止するため、次の措置を講ずる必要があります。

図表 2-2　空気調和設備の衛生上必要な措置

項目	措置内容	措置回数
冷却塔及び加湿装置に供給する水	水道法第4条に規定する水質基準に適合させるための措置	常時
冷却塔、冷却水	汚れの状況の点検 ※必要に応じて清掃及び換水等を行う。	使用開始時及び使用期間中 1 カ月以内ごとに 1 回（1 カ月を超える期間使用しない場合を除く）
	冷却塔、冷却水の水管の清掃	**1 年以内ごとに 1 回**
加湿装置	汚れの状況の点検 ※必要に応じて清掃及び換水等を行う。	使用開始時及び使用期間中 1 カ月以内ごとに 1 回（1 カ月を超える期間使用しない場合を除く）
	清掃	**1 年以内ごとに 1 回**
空気調和設備内に設けられた排水受け	汚れ及び閉塞の状況の点検 ※必要に応じて清掃及び換水等を行う。	使用開始時及び使用期間中 1 カ月以内ごとに 1 回（1 カ月を超える期間使用しない場合を除く）

出典：厚生労働省ウェブサイト「建築物環境衛生管理基準について」(https://www.mhlw.go.jp/bunya/kenkou/seikatsu-eisei10/) をもとに筆者作成。

冷却塔とは、水冷方式の空調機器に用いられる機器で、冷却水の熱を大気に放出する構造上、雑菌が繁殖しやすく、飛散しやすいです。

③給水及び排水の管理

　給水及び排水の管理については、建築物における衛生的環境の確保に関する法律施行令第2条に、次のように定められています。

　　・飲料水には、水道法の**水質基準**に適合する水を供給すること。
　　・給水設備は、人の**健康被害を防止するための措置**を講ずること。
　　・排水設備は、機能が阻害されて汚水の漏出等が生じないよう、**補修及び掃除**を行うこと。

　そして、衛生上必要な措置が下表のとおり定められております。

図表2-3　給水及び排水の管理における衛生上必要な措置

措置内容	措置回数
消毒用残留塩素の検査	**7日以内ごとに1回**
貯水槽の清掃	**1年以内ごとに1回**
飲料水の水質検査	**6カ月以内ごとに1回**（一部の項目は、1年以内ごとに1回（6月1日〜9月30日））
給水栓における水に異常を認めたときの水質検査	**都度**
飲料水に健康被害のおそれがあることを知った時の給水停止及び関係者への周知	**直ちに**
排水設備の清掃	**6カ月以内ごとに1回**

出典：厚生労働省ウェブサイト「建築物環境衛生管理基準について」(https://www.mhlw.go.jp/bunya/kenkou/seikatsu-eisei10/) をもとに筆者作成。

④清掃及びねずみ等の防除

　清掃及びねずみ等の防除については、建築物における衛生的環境の確保に関する法律施行令の第2条第3号に、次のように定められています。

三 清掃及びねずみその他の厚生労働省令で定める動物(ロにおいて「ねずみ等」という。)の防除は、次に掲げるところによること。

イ 厚生労働省令で定めるところにより、**掃除**を行い、**廃棄物を処理**すること。

ロ 厚生労働省令で定めるところにより、**ねずみ等の発生及び侵入の防止並びに駆除**を行うこと。

そして、下表の衛生上必要な措置が定められております。

図表 2-4 衛生上必要な措置

措置内容	措置回数
掃除	**日常**
定期的、統一的な大掃除	**6 カ月以内ごとに 1 回**
ねずみ等の発生、生息、侵入、被害の状況についての統一的な調査	**6 カ月以内ごとに 1 回**
調査結果に基づく必要な措置	**その都度**

　その他、「ねずみ等の防除のため**殺そ剤又は殺虫剤**を使用する場合は、「医薬品、医療機器等の品質、有効性及び安全性の確保等に関する法律」の規定による承認を受けた**医薬品又は医薬部外品**を用いること。」と定められています。

防除とは、ねずみ等の発生・侵入を防止し、発生・侵入したら駆除することをいいます。

（4）特定建築物

　特定建築物については、建築物における衛生的環境の確保に関する法律に、次のように定められています。

> （定義）
>
> 第二条　この法律において「特定建築物」とは、**興行場、百貨店、店舗、事務所、学校、共同住宅**等の用に供される相当程度の規模を有する建築物（建築基準法（昭和二十五年法律第二百一号）第二条第一号に掲げる建築物をいう。以下同じ。）で、**多数の者が使用し、又は利用**し、かつ、その維持管理について**環境衛生上特に配慮が必要なもの**として政令で定めるものをいう。
>
> ２　前項の政令においては、**建築物の用途、延べ面積**等により特定建築物を定めるものとする。

①特定建築物の条件

　特定建築物に該当する条件は、建築物における衛生的環境の確保に関する法律施行令に、次のように定められています。

> （特定建築物）
>
> 第一条　建築物における衛生的環境の確保に関する法律（以下「法」という。）第二条第一項の政令で定める建築物は、**次に掲げる用途**に供される部分の**延べ面積**（建築基準法施行令（昭和二十五年政令第三百三十八号）第二条第一項第三号に規定する床面積の合計をいう。以下同じ。）が**三千平方メートル以上**の建築物及び専ら**学校教育法**（昭和二十二年法律第二十六号）**第一条**に規定する**学校**又は就学前の子どもに関する教育、保育等の総合的な提供の推進に関する法律（平成十八年法律第七十七号）第二条第七項に規定する**幼保連携型認定こども園**（第三号において「**第一条学校等**」という。）の用途に供される

建築物で延べ面積が**八千平方メートル以上**のものとする。

　一　**興行場、百貨店、集会場、図書館、博物館、美術館又は遊技場**

　二　**店舗又は事務所**

　三　**第一条学校等以外の学校**（研修所を含む。）

　四　**旅館**

②特定建築物に関するまとめ

特定建築物について、まとめると次のとおりです。

Q１：特定建築物とは何ですか？

Ａ１：多数の者が使用・利用し、かつ、環境衛生上特に配慮が必要な建築物
です。

Q２：具体的には、どのような建築物が特定建築物になるのですか？

Ａ２：建築物の用途、延べ面積により、次のとおり定められています。

図表 2-5　特定建築物となる建築物

用　　途	用途に供される延べ面積
1．興行場、百貨店、集会場、図書館、博物館、美術館又は遊技場 2．店舗又は事務所 3．学校教育法第一条に規定する学校等以外の学校（研修所を含む。） 4．旅館	**3,000m^2 以上**
・学校教育法第一条に規定する学校等	**8,000m^2 以上**

Q３：特定建築物に該当すると、どんな義務が生じますか？

Ａ３：特定建築物の所有者は、建築物環境衛生管理技術者免状を有する者を
選任し、特定建築物についての**届出**を、**使用開始後 1 カ月以内**に**都道**

府県知事にする必要があります。使用開始後は、**建築物環境衛生管理基準**に従って、特定建築物を管理しなければなりません。

Ｑ４：特定建築物以外の建築物は、建築物環境衛生管理基準に従わなくても よいのですか？

Ａ４：建築物における衛生的環境の確保に関する法律に、次のように定められています。

（建築物環境衛生管理基準）

第四条

3　特定建築物以外の建築物で多数の者が使用し、又は利用するものの所有者、占有者その他の者で当該建築物の維持管理について権原を有するものは、建築物環境衛生管理基準に従つて当該建築物の維持管理をするように努めなければならない。

したがって、特定建築物**以外**の建築物であっても、多数の者が利用・使用する建築物に対しては、**建築物環境衛生管理基準**に従って維持管理するよう、**努力規定**が定められています。

学校教育法第 1 条の学校とは、次のとおりです。

（学校の範囲）

第一条　この法律で、学校とは、**幼稚園、小学校、中学校、義務教育学校、高等学校、中等教育学校、特別支援学校、大学及び高等専門学校**とする。

（5）帳簿

帳簿書類の備付けについて、建築物における衛生的環境の確保に関する法

律第 10 条に次のように規定されています。

（帳簿書類の備付け）
第十条　特定建築物所有者等は、厚生労働省令の定めるところにより、
　　当該特定建築物の**維持管理**に関し**環境衛生上必要な事項**を記載した**帳
　　簿書類**を備えておかなければならない。

　また、備え付けておくべき帳簿書類については、建築物における衛生的環
境の確保に関する法律施行規則第 20 条に次のように規定されています。

（帳簿書類）
第二十条　特定建築物所有者等は、次の各号に掲げる帳簿書類を備えて
　　おかなければならない。
　　一　**空気環境**の調整、**給水及び排水**の管理、**清掃**並びに**ねずみ**等の防
　　　　除の状況（これらの措置に関する測定又は検査の結果並びに当該措
　　　　置に関する設備の点検及び整備の状況を含む。）を記載した帳簿書
　　　　類
　　二　当該特定建築物の平面図及び断面図並びに当該特定建築物の維持
　　　　管理に関する設備の配置及び系統を明らかにした**図面**
　　三　**第五条第二項**の規定による**確認の結果**（同条第四項の規定による
　　　　意見の聴取を行つた場合は当該意見の内容を含む。）を記載した書
　　　　面
　　四　**その他**当該特定建築物の維持管理に関し**環境衛生上必要な事項**を
　　　　記載した帳簿書類
　2　前項第一号及び第四号の帳簿書類は、**五年間**保存しなければならな
　　い。

　したがって、所有者等は、次の維持管理に関し環境衛生上必要な事項を記
載した帳簿書類を備えて保存する必要があります。

① **空気環境**の調整、**給水及び排水**の管理、**清掃**、**ねずみ**等の防除の状況を記載した**帳簿**書類。（**５年間**）

② 平面図、断面図、配置及び系統を明らかにした**図面**

③ 建築物環境衛生管理技術者が**同時に２つ以上**の特定建築物に**選任**されても**支障**のないことの**確認**（則第５条第２項の規定）の結果、**意見**の内容を記載した**書面**

④ **その他**必要な事項。（**５年間**）

> 建築物環境衛生管理技術者を２つ以上の特定建築物に選任する場合は、意見を聞くなどして支障がないことを確認し、書面にして保存する必要があります。

2　水道法

（1）目的

　水道管理の適正化による清浄な水の供給を図り、公衆衛生の向上と生活環境の改善に寄与することを目的としています。

（2）ビルの水道

　ビルの水道は、水道法等により、主に、次の３つに分類されます。

・専用水道

・簡易専用水道

・小規模貯水槽水道

①専用水道

　専用水道は、水道法第３条第１項及び第６項に次のように定められています。

（用語の定義）

第三条　この法律において「水道」とは、導管及びその他の工作物により、水を人の飲用に適する水として供給する施設の総体をいう。ただし、臨時に施設されたものを除く。

6　この法律において「**専用水道**」とは、寄宿舎、社宅、療養所等における自家用の水道その他水道事業の用に供する水道以外の水道であつて、次の各号のいずれかに該当するものをいう。ただし、他の水道から供給を受ける水のみを水源とし、かつ、その水道施設のうち地中又は地表に施設されている部分の規模が政令で定める基準以下である水道を除く。

一　**百人を超える**者にその居住に必要な水を供給するもの

二　その水道施設の**一日最大給水量**（一日に給水することができる最大の水量をいう。以下同じ。）が政令で定める基準（※**20m³**）を超えるもの

※　筆者注

②簡易専用水道

簡易専用水道は、水道法第3条第7項に次のように定められています。

7　この法律において「簡易専用水道」とは、水道事業の用に供する水道及び**専用水道以外**の水道であつて、水道事業の用に供する水道から供給を受ける水のみを水源とするものをいう。ただし、その用に供する施設の規模が政令で定める基準（※水槽の有効容量**10m³**）以下のものを除く。

※　筆者注

③小規模貯水槽水道

　専用水道、簡易専用水道以外の小規模な自家用の貯水槽水道（貯水タンクのある水道）については、水道法に定められていませんが、地方自治体により小規模貯水槽水道と位置づけられています。

　まず、ビルのような自家用水道のうち、100人を超える者に水を供給するもの、または1日の最大給水量が20m^{3}を超えるものは、専用水道に該当します。
　次に、専用水道以外のもので水槽の有効容量が10m^{3}を超えるものは簡易専用水道に該当します。
　それ以外の、簡易専用水道にも該当しない貯水槽水道は小規模貯水槽水道として位置づけられています。

（3）専用水道の管理

　専用水道の管理の主なものは、水道技術者の設置、水質検査、衛生上の措置、給水の緊急停止です。

①水道技術管理者の設置

　水道技術管理者については、水道法に次のように定められています。

（水道技術管理者）

第十九条　水道事業者は、水道の管理について技術上の業務を担当させるため、**水道技術管理者**一人を置かなければならない。ただし、自ら水道技術管理者となることを妨げない。

　水道技術管理者の資格要件は、**実務経験者**及び厚生労働大臣が認定する**講習を修了した者**が該当します。

②水質検査

水質検査については、水道法に次のように定められています。

（水質検査）

第二十条　水道事業者は、厚生労働省令の定めるところにより、**定期及び臨時の水質検査**を行わなければならない。

2　水道事業者は、前項の規定による水質検査を行つたときは、これに関する記録を作成し、水質検査を行つた日から起算して**五年間**、これを**保存**しなければならない。

水質検査を定期的に行い、検査結果の**記録を 5 年間保存**する必要があります。定期的に行う水質検査には、**1 日 1 回以上行う色及び濁り並びに消毒の残留効果**に関する検査等が定められています。さらに、**水質基準に適合しないおそれ**がある場合などには、**臨時**の水質検査を実施する必要があります。

水道法では、専用水道については、消毒の残留効果、つまり、残留塩素濃度を 1 日 1 回以上測定するよう、規定されています。

③衛生上の措置

衛生上の措置については、水道法に次のように定められています。

（衛生上の措置）

第二十二条　水道事業者は、厚生労働省令の定めるところにより、水道施設の管理及び運営に関し、**消毒その他衛生上必要な措置**を講じなければならない。

また、衛生上の措置については、水道法施行規則に次のように定められて

います。

（衛生上必要な措置）

第十七条　法第二十二条の規定により水道事業者が講じなければならない衛生上必要な措置は、次の各号に掲げるものとする。

一　取水場、貯水池、導水きよ、浄水場、配水池及びポンプせいは、常に清潔にし、水の汚染の防止を充分にすること。

二　前号の施設には、かぎを掛け、さくを設ける等みだりに人畜が施設に立ち入つて水が汚染されるのを防止するのに必要な措置を講ずること。

三　給水栓における水が、遊離残留塩素を〇・一 mg/l（結合残留塩素の場合は、〇・四 mg/l）以上保持するように**塩素消毒**をすること。ただし、供給する水が病原生物に著しく汚染されるおそれがある場合又は病原生物に汚染されたことを疑わせるような生物若しくは物質を多量に含むおそれがある場合の給水栓における水の遊離残留塩素は、〇・二 mg/l（結合残留塩素の場合は、一・五 mg/l）以上とする。

④給水の緊急停止

給水の緊急停止については、水道法に次のように定められています。

（給水の緊急停止）

第二十三条　水道事業者は、その供給する水が人の**健康を害するおそれ**があることを知つたときは、**直ちに給水を停止**し、かつ、その水を使用することが危険である旨を**関係者に周知**させる措置を講じなければならない。

（4）簡易専用水道の管理

　簡易専用水道の管理の主なものは、管理基準の順守と検査の受検で、水道法に次のように定められています。

第三十四条の二　簡易専用水道の設置者は、厚生労働省令で定める**基準**に従い、その水道を**管理**しなければならない。

２　簡易専用水道の設置者は、当該簡易専用水道の管理について、厚生労働省令の定めるところにより、**定期**に、地方公共団体の**機関**又は厚生労働大臣の**登録を受けた者**の**検査を受けなければならない。**

---

①管理基準の順守

　簡易専用水道の管理基準は、水道法施行規則に次のように定めされています。

（管理基準）

第五十五条　法第三十四条の二第一項に規定する厚生労働省令で定める基準は、次の各号に掲げるものとする。

　一　**水槽の掃除を毎年一回以上**、定期に、行うこと。

　二　水槽の点検等有害物、汚水等によつて**水が汚染されるのを防止**するために必要な措置を講ずること。

　三　給水栓における水の色、濁り、臭い、味その他の状態により供給**する水に異常を認めたとき**は、**水質**基準に関する省令の表の上欄に掲げる事項のうち必要なものについて**検査**を行うこと。

　四　供給する水が人の**健康を害するおそれ**があることを知つたときは、**直ちに給水を停止**し、かつ、その水を使用することが危険である旨を**関係者に周知**させる措置を講ずること。

---

②検査の受検

　検査の受検については、水道法施行規則に次のように定められています。

（検査）

第五十六条　法第三十四条の二第二項の規定による**検査は、毎年一回以上定期に行う**ものとする。

2　検査の方法その他必要な事項については、**厚生労働大臣が定める**ところによるものとする。

　簡易専用水道の検査は、施設・管理の状態、**水質検査**、書類の整理に関する検査が規定されています。

> 水道法では、簡易専用水道については、1 年ごとの水質検査と水槽の清掃が義務づけられています。

（5）小規模貯水槽水道の管理

　前述したように、専用水道、簡易専用水道以外の貯水槽水道は、小規模貯水槽水道と位置づけられ、各自治体の条例により、**簡易専用水道に準じた管理**が定められています。

　一例として、「東京都小規模貯水槽水道等における安全で衛生的な飲料水の確保に関する条例」では、水槽の有効容量の合計が 5m^3 を超えるものを特定小規模貯水槽水道と定め、次に示す衛生上の措置を義務づけています。

（衛生上の措置）

第七条　特定小規模貯水槽水道等の設置者は、次に定めるところにより、当該水道施設について衛生上必要な措置を講じなければならない。ただし、第五号については、特定飲用井戸等の設置者に限るものとする。

一　**水槽の清掃**を**一年に一回**以上、定期的に行うこと。

二　水道施設の管理の状況について、**一年に一回**以上、定期的に**検査**すること。

三　供給する水が有害物、汚水等によって**汚染されるのを防止**するために必要な措置を講ずること。

四　給水栓から供給される水の色、濁り、におい、味その他の状態に**異常を認めた場合**に、水質基準に関する省令（平成十五年厚生労働省令第百一号。以下「省令」という。）の表の上欄に掲げる事項のうち原因を特定するために必要と認められるものについて**検査**を行うこと。

五　給水を開始しようとするとき及び**一年に一回**以上、定期的に、規則の定めるところにより**水質検査**を行うこと。

2　特定小規模貯水槽水道等の設置者は、水道施設の管理の状況を把握するため、水槽の清掃記録、水道施設の検査記録、水質検査の結果等の**帳簿書類**を作成の日から**五年間保存**しなければならない。

規模が小さい貯水槽でも、その水を飲む人が1人でもいれば、健康を害さないような管理が、当然、求められます。

（6）水道法のまとめ

ビル管理における水道法に関する事項をまとめると、次のとおりです。

図表 2-6　ビル管理に関する水道法に関する事項

水道の区分	管理事項
専用水道	・水道技術管理者の設置 ・水質検査 ・衛生上の措置 ・給水の緊急停止
簡易専用水道	・管理基準の順守 ・検査の受検
小規模貯水槽水道	・自治体の条例による管理

3　浄化槽法

　浄化槽とは、微生物の働きなどを利用して汚水を浄化し、きれいな水にして放流するための施設をいいます。

(1) 目的

　浄化槽法は、浄化槽の設置、保守点検、清掃及び製造について規制するとともに、浄化槽工事業者の登録制度、浄化槽清掃業の許可制度を整備し、浄化槽設備士、浄化槽管理士の資格を定めること等により、生活環境の保全及び公衆衛生の向上を目的としています。

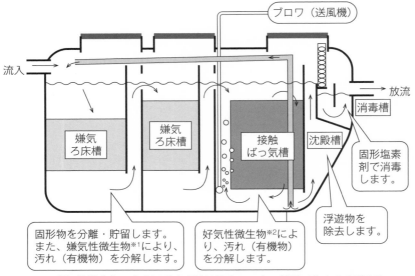

図表 2-7　一般的な浄化槽の例（嫌気ろ床接触ばっ気方式）

ブロワ（送風機）

流入

放流

消毒槽

嫌気
ろ床槽

嫌気
ろ床槽

接触
ばっ気槽

沈殿槽

固形塩素
剤で消毒
します。

固形物を分離・貯留します。
また、嫌気性微生物※1により、
汚れ（有機物）を分解します。

好気性微生物※2によ
り、汚れ（有機物）
を分解します。

浮遊物を
除去します。

※1　嫌気性微生物：水中に酸素が溶け込んでいない状態で生育する微生物
※2　好気性微生物：水中に溶存酸素が存在する状態で生育する微生物

出典：環境省ウェブサイト「浄化槽管理者への設置と維持管理に関する指導・
　　　助言マニュアル」（https://www.env.go.jp/recycle/jokaso/data/
　　　manual/pdf_kanrisya/chpt3.pdf）をもとに筆者作成。

（2）浄化槽の定義

　浄化槽法により、浄化槽は次のように定義されています。

（定義）

第二条　この法律において、次の各号に掲げる用語の意義は、それぞれ
　　　当該各号に定めるところによる。

　　一　浄化槽　**便所と連結してし尿及びこれと併せて雑排水**（工場廃水、
　　　雨水その他の特殊な排水を除く。以下同じ。）を**処理**し、下水道法（昭
　　　和三十三年法律第七十九号）第二条第六号に規定する終末処理場を
　　　有する公共下水道（以下「**終末処理下水道**」という。）**以外に放流**

するための設備又は施設であつて、同法に規定する公共下水道及び
流域下水道並びに廃棄物の処理及び清掃に関する法律（昭和四十五
年法律第百三十七号）第六条第一項の規定により定められた計画に
従つて**市町村が設置したし尿処理施設以外**のものをいう。

したがって、浄化槽とは、次の要件にすべて該当するものをいいます。
・便所の汚水と雑排水を併せて処理（合併処理という）する。
・終末処理場以外に放流する。
・市町村が設置したし尿処理施設ではない。

（3）浄化槽の管理

浄化槽の管理については、浄化槽法において、主に次の事項が定められて
います。
・浄化槽の保守点検・清掃
・技術管理者の設置
・報告書の提出
・浄化槽の定期検査

①浄化槽の保守点検・清掃

浄化槽の保守点検については、浄化槽法に、次のように定められています。

（保守点検）
第八条　浄化槽の**保守点検**は、浄化槽の保守点検の**技術上の基準**に従つ
て行わなければならない。
（清掃）
第九条　浄化槽の**清掃**は、浄化槽の清掃の**技術上の基準**に従つて行わな
ければならない。
（浄化槽管理者の義務）
第十条　浄化槽管理者は、環境省令で定めるところにより、**毎年一回**（環

境省令で定める場合にあつては、環境省令で定める回数）、**浄化槽の保守点検**及び**浄化槽の清掃**をしなければならない。ただし、第十一条の二第一項の規定による使用の休止の届出に係る浄化槽（使用が再開されたものを除く。）については、この限りでない。

3　浄化槽管理者は、浄化槽の**保守点検**を、第四十八条第一項の規定により条例で浄化槽の保守点検を業とする者の登録制度が設けられている場合には当該**登録を受けた者**に、若しくは当該登録制度が設けられていない場合には**浄化槽管理士**に、又は浄化槽の**清掃**を**浄化槽清掃業者**に委託することができる。

　浄化槽は、毎年 1 回、技術上の基準に従って、保守点検と清掃を実施する必要があります。また、**保守点検**は**登録業者**または**浄化槽管理士**に、清掃は**市町村長の許可**を受けた**清掃業者**に委託することが可能です。

②技術管理者の設置

　技術管理者の設置については、浄化槽法に、次のように定められています。

（浄化槽管理者の義務）

第十条

2　政令で定める規模（※処理対象人員が 501 人以上）の浄化槽の浄化槽管理者は、当該浄化槽の保守点検及び清掃に関する技術上の業務を担当させるため、環境省令で定める資格を有する**技術管理者**（以下「技術管理者」という。）を置かなければならない。ただし、自ら技術管理者として管理する浄化槽については、この限りでない。

※　筆者注

③報告書の提出

　報告書の提出については、浄化槽法に、次のように定められています。

第十条の二　浄化槽管理者は、当該浄化槽の**使用開始の日**（当該浄化槽が第十二条の五第一項の設置計画に基づき設置された公共浄化槽である場合にあつては、当該公共浄化槽について第十二条の十一の規定による最初の届出があつた日）**から三十日以内**に、環境省令で定める事項を記載した報告書を都道府県**知事に提出**しなければならない。

２　前条第二項に規定する政令で定める規模の浄化槽の浄化槽管理者は、**技術管理者を変更**したときは、変更の日から**三十日以内**に、環境省令で定める事項を記載した報告書を都道府県**知事に提出**しなければならない。

３　**浄化槽管理者に変更**があつたときは、新たに浄化槽管理者になつた者は、変更の日から**三十日以内**に、環境省令で定める事項を記載した報告書を都道府県**知事に提出**しなければならない。

次の場合、30 日以内に知事に提出が必要です。
・浄化槽の使用開始
・技術管理者の変更
・浄化槽管理者の変更

④浄化槽の定期検査

浄化槽の定期検査については、浄化槽法に、次のように定められています。

（定期検査）

第十一条　浄化槽管理者は、環境省令で定めるところにより、**毎年一回**（環境省令で定める浄化槽については、環境省令で定める回数）、指定検査機関の行う**水質に関する検査**を受けなければならない。ただし、次条第一項の規定による使用の休止の届出に係る浄化槽（使用が再開

されたものを除く。）については、この限りでない。

2　第七条第二項の規定は、前項本文の水質に関する検査について準用する。

（設置後等の水質検査）

第七条

2　指定検査機関は、前項の水質に関する検査を実施したときは、環境省令で定めるところにより、**遅滞なく**、環境省令で定める事項を都道府県**知事に報告**しなければならない。

　浄化槽管理者は、**毎年1回**、指定検査機関の行う**水質に関する検査**を受けなければなりません。また、検査を実施した指定検査機関は、遅滞なく、検査に関する事項を都道府県**知事に報告**しなければなりません。

(4)　浄化槽の管理に関する資格者

　浄化槽の管理に関する資格者には、技術管理者と浄化槽管理士があり、それぞれ浄化槽法で、次のように定められています。

①技術管理者

　技術管理者については、環境省関係浄化槽法施行規則に、次のように定められています。

（技術管理者の資格）

第八条　法第十条第二項の規定による技術管理者の資格は、**浄化槽管理士**の資格を有し、**かつ**、同項に規定する政令で定める規模の浄化槽の保守点検及び清掃に関する技術上の業務に関し二年以上**実務に従事した経験**を有する者又はこれと**同等以上の知識及び技能を有すると認められる者**であることとする。

同等以上の知識及び技能を有すると認められる者とは、技術管理者講習を修了した者をいいます。

②浄化槽管理士

　浄化槽管理士とは、浄化槽の保守点検の業務に従事する者として浄化槽管理士免状の交付を受けている者をいい、浄化槽管理士免状については、浄化槽法に次のように定められています。

（浄化槽管理士免状）

第四十五条　浄化槽管理士免状は、次の各号のいずれかに該当する者に対し、環境大臣が交付する。

一　**浄化槽管理士試験**に合格した者

二　環境大臣の指定する者（以下この章において「指定講習機関」という。）が環境省令で定めるところにより行う浄化槽の保守点検に関して必要な知識及び技能に関する講習（以下この章において「**講習**」という。）の課程を**修了した者**

4　廃棄物の処理及び清掃に関する法律

（1）目的

　廃棄物の排出抑制と適正処理により生活環境を清潔にして、生活環境の保全と公衆衛生の向上を目的としています。

（2）廃棄物の定義

　廃棄物の処理及び清掃に関する法律により、廃棄物は次のように定義されています。

（定義）

第二条　この法律において「**廃棄物**」とは、ごみ、粗大ごみ、燃え殻、汚泥、ふん尿、廃油、廃酸、廃アルカリ、動物の死体その他の汚物又は不要物であつて、**固形状又は液状**のもの（**放射性物質**及びこれによつて汚染された物を**除く**。）をいう。

気体と放射性物質は、廃棄物の処理及び清掃に関する法律上の廃棄物から除外されています。

（3）廃棄物の分類

　廃棄物は、廃棄物の処理及び清掃に関する法律により、次のように定義・分類されます。

（定義）

第二条

2　この法律において「**一般廃棄物**」とは、産業廃棄物以外の廃棄物をいう。

3　この法律において「**特別管理一般廃棄物**」とは、一般廃棄物のうち、爆発性、毒性、感染性その他の人の健康又は生活環境に係る被害を生ずるおそれがある性状を有するものとして政令で定めるものをいう。

4　この法律において「**産業廃棄物**」とは、次に掲げる廃棄物をいう。

　一　**事業活動に伴つて生じた廃棄物**のうち、燃え殻、汚泥、廃油、廃

酸、廃アルカリ、廃プラスチック類その他政令で定める廃棄物

二　輸入された廃棄物（前号に掲げる廃棄物、船舶及び航空機の航行に伴い生ずる廃棄物（政令で定めるものに限る。第十五条の四の五第一項において「**航行廃棄物**」という。）並びに本邦に入国する者が携帯する廃棄物（政令で定めるものに限る。同項において「**携帯廃棄物**」という。）を除く。）

5　この法律において「**特別管理産業廃棄物**」とは、産業廃棄物のうち、爆発性、毒性、感染性その他の人の健康又は生活環境に係る被害を生ずるおそれがある性状を有するものとして政令で定めるものをいう。

　廃棄物は、事業活動に伴って生じた**産業廃棄物**と、それ以外の**一般廃棄物**に分類されます。産業廃棄物、一般廃棄物ともに、アスベスト（石綿）などの人の健康または生活環境に係る被害を生ずるおそれがある性状を有するものは、それぞれ、**特別管理産業廃棄物**、**特別管理一般廃棄物**に分類されます。

　事業活動によって生じた廃棄物は、原則、産業廃棄物に該当しますが、事務所の紙ごみやし尿を含んだビルの汚水槽の汚泥などは、一般廃棄物に該当します。これを**事業系一般廃棄物**といいます。

図表 2-8　廃棄物の区分

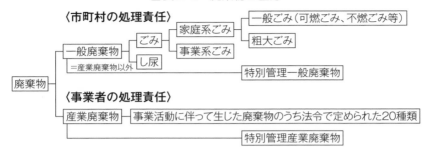

注 1 ： 特別管理一般廃棄物とは、一般廃棄物のうち、爆発性、毒性、感染性その他の人の健康又は生活環境に係る被害を生ずるおそれのあるもの。
　 2 ： 事業活動に伴って生じた廃棄物のうち法令で定められた20種類とは、燃え殻、汚泥、廃油、廃酸、廃アルカリ、廃プラスチック類、紙くず、木くず、繊維くず、動植物性残渣（さ）、動物系固形不要物、ゴムくず、金属くず、ガラスくず、コンクリートくず及び陶磁器くず、鉱さい、がれき類、動物のふん尿、動物の死体、ばいじん、輸入された廃棄物、上記の産業廃棄物を処分するために処理したもの。
　 3 ： 特別管理産業廃棄物とは、産業廃棄物のうち、爆発性、毒性、感染性その他の人の健康又は生活環境に係る被害を生ずるおそれがあるもの。

出典：環境省ウェブサイト「令和 4 年版環境・循環型社会・生物多様性白書」（https://www.env.go.jp/policy/hakusyo/r04/pdf/full.pdf）をもとに筆者作成。

（4）事業者の責務

　廃棄物の処理及び清掃に関する法律第 3 条に、事業者の責務が次のように定められています。

① 　事業者は、その事業活動に伴って生じた廃棄物を**自らの責任において適正に処理**しなければならない。

② 　事業者は、その事業活動に伴って生じた廃棄物の**再生利用**等を行うことにより、**減量**に努めなければならない。

③ 　事業者は、廃棄物の減量・適正処理の確保等に関する国・地方公共団体の**施策に協力**しなければならない。

（5）清潔の保持

　廃棄物の処理及び清掃に関する法律に、清潔の保持に関する事項が次のように定められています。

> （清潔の保持等）
> 第五条　土地又は**建物の占有者**（占有者がない場合には、**管理者**とする。
> 　以下同じ。）は、その占有し、又は管理する土地又は**建物の清潔**を保
> 　つように努めなければならない。

（6）産業廃棄物の処理

①産業廃棄物処理の原則

　産業廃棄物の処理に関しては、廃棄物の処理及び清掃に関する法律に次の
ように定められています。

> （事業者及び地方公共団体の処理）
> 第十一条　事業者は、その産業廃棄物を自ら処理しなければならない。

　原則として、産業廃棄物は、事業者自らが処理をしなければなりません。

②産業廃棄物処理基準等の順守

　産業廃棄物を事業者**自らが処理**する場合は、次に示すとおり、**産業廃棄物
処理基準**ならびに**産業廃棄物保管基準**に従わなければなりません。

> （事業者の処理）
> 第十二条　事業者は、**自らその産業廃棄物**（特別管理産業廃棄物を除く。
> 　第五項から第七項までを除き、以下この条において同じ。）の運搬又
> 　は処分を行う場合には、政令で定める産業廃棄物の収集、運搬及び処
> 　分に関する基準（当該基準において海洋を投入処分の場所とすること
> 　ができる産業廃棄物を定めた場合における当該産業廃棄物にあつて

は、その投入の場所及び方法が海洋汚染等及び海上災害の防止に関する法律に基づき定められた場合におけるその投入の場所及び方法に関する基準を除く。以下「**産業廃棄物処理基準**」という。）に従わなければならない。

2　事業者は、その産業廃棄物が運搬されるまでの間、環境省令で定める技術上の基準（以下「**産業廃棄物保管基準**」という。）に従い、生活環境の保全上支障のないようにこれを保管しなければならない。

③産業廃棄物管理票

　事業者は、産業廃棄物の運搬又は処分を**他人に委託**する場合には、次に示すとおり、**産業廃棄物管理票**を交付して管理をしなければなりません。

（産業廃棄物管理票）

第十二条の三　その事業活動に伴い産業廃棄物を生ずる事業者（中間処理業者を含む。）は、その**産業廃棄物**（中間処理産業廃棄物を含む。第十二条の五第一項及び第二項において同じ。）の**運搬又は処分を他人に委託する場合**（環境省令で定める場合を除く。）には、環境省令で定めるところにより、当該委託に係る産業廃棄物の引渡しと同時に当該産業廃棄物の運搬を受託した者（当該委託が産業廃棄物の処分のみに係るものである場合にあつては、その処分を受託した者）に対し、当該委託に係る産業廃棄物の種類及び数量、運搬又は処分を受託した者の氏名又は名称その他環境省令で定める事項を記載した**産業廃棄物管理票**（以下単に「管理票」という。）を交付しなければならない。

　産業廃棄物管理票はマニフェストともいい、近年、電子化された**電子マニフェスト**が普及しています。電子マニフェストの概要フローを次に示します。

図表 2-9　電子マニフェストの概要フロー

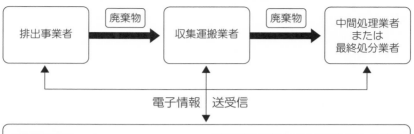

出典：環境省ウェブサイト「特別管理産業廃棄物を多量に排出する事業者の
　　　みなさまへ」（https://www.env.go.jp/content/900473399.pdf）
　　　をもとに筆者作成。

・産業廃棄物の運搬、処分を委託する場合は、都
　道府県知事の許可を受けた業者に委託する必要
　があります。
・一般廃棄物の運搬、処分を委託する場合は、市
　町村長の許可を受けた業者に委託する必要があ
　ります。

5 下水道法

(1) 目的

　下水道の整備を図り、都市の健全な発達、公衆衛生の向上、公共用水域の水質の保全を目的としています。

(2) 下水と下水道の定義

　下水道法により、下水と下水道は次のように定義されています。

（用語の定義）

第二条　この法律において次の各号に掲げる用語の意義は、それぞれ当該各号に定めるところによる。

　一　下水　生活若しくは事業（耕作の事業を除く。）に起因し、若しくは付随する廃水（以下「**汚水**」という。）又は**雨水**をいう。

　二　下水道　下水を排除するために設けられる**排水管**、排水渠その他の排水施設（かんがい排水施設を除く。）、これに接続して下水を処理するために設けられる**処理施設**（屎尿浄化槽を除く。）又はこれらの施設を補完するために設けられるポンプ施設、貯留施設その他の**施設の総体**をいう。

浄化槽は下水道から除外されています。浄化槽は別法（浄化槽法）で規制されています。

(3) 下水道の分類と管理

　下水道は、下水道法により、次のように分類し、管理されます。

図表 2-10　下水道の種類と管理

下水道の種類	概　　要	管 理 者
公共下水道	主に市街地の下水または雨水のみを排除する下水道	地方公共団体
流域下水道	2 以上の市町村の下水または雨水を排除する下水道	
都市下水路	主に市街地の下水を排除する一定の規模以上の下水道	

（4）排水設備の設置等

　排水設備の設置等については、建築物の所有者などに対して、下水道法第10 条により、次の事項が定められています。

① 　排水設備を**設置**しなければならない。

② 　排水設備を改築、修繕、清掃など、**維持**しなければならない。

③ 　排水設備の設置・構造は、**技術基準**によらなければならない。

（排水設備の設置等）

第十条　公共下水道の供用が開始された場合においては、当該公共下水道の排水区域内の土地の所有者、使用者又は占有者は、遅滞なく、次の区分に従つて、その土地の下水を公共下水道に流入させるために必要な排水管、排水渠（きょ）その他の排水施設（以下「**排水設備**」という。）を**設置しなければならない**。ただし、特別の事情により公共下水道管理者の許可を受けた場合その他政令で定める場合においては、この限りでない。

　一　建築物の敷地である土地にあつては、当該建築物の所有者

　二　建築物の敷地でない土地（次号に規定する土地を除く。）にあつては、当該土地の所有者

　三　道路（道路法（昭和二十七年法律第百八十号）による道路をいう。）その他の公共施設（建築物を除く。）の敷地である土地にあつては、

当該公共施設を管理すべき者

2　前項の規定により設置された排水設備の**改築又は修繕**は、同項の規定によりこれを設置すべき者が行うものとし、その**清掃その他の維持**は、当該土地の占有者（前項第三号の土地にあつては、当該公共施設を管理すべき者）が行うものとする。

3　第一項の排水設備の設置又は構造については、**建築基準法**（昭和二十五年法律第二百一号）その他の法令の規定の適用がある場合においてはそれらの法令の規定によるほか、政令で定める**技術上の基準**によらなければならない。

(5) 除害施設の設置

下水道法の第 12 条に、清掃の保持に関する事項が次のように定められています。

（除害施設の設置等）

第十二条　公共下水道管理者は、著しく公共下水道若しくは流域下水道の施設の機能を妨げ、又は公共下水道若しくは流域下水道の施設を損傷するおそれのある下水を継続して排除して公共下水道を使用する者に対し、政令で定める基準に従い、**条例**で、下水による障害を除去するために必要な施設（以下「**除害施設**」という。）を設け、又は必要な措置をしなければならない旨を定めることができる。

条例とは、地方公共団体が国の法律とは別に定める法のことをいいます。
高温の排水、酸性・アルカリ性の排水、油分の多い排水などに対して、条例により、除害施設の設置が義務づけられています。

図表 2-11　除害施設の例（厨房排水処理設備「グリース阻集器」）

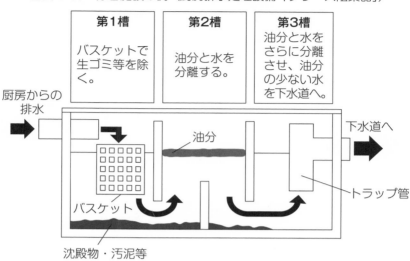

第1槽	第2槽	第3槽
バスケットで生ゴミ等を除く。	油分と水を分離する。	油分と水をさらに分離させ、油分の少ない水を下水道へ。

厨房からの排水

油分

下水道へ

トラップ管

バスケット

沈殿物・汚泥等

6　大気汚染防止法

（1）目的

　事業活動等に伴う**ばい煙**、揮発性有機化合物、粉じん等の排出等の規制等により、国民の**健康を保護、生活環境の保全、被害者の保護**を目的としています。

（2）ばい煙発生施設

　ビルにおいて、大気汚染防止法の規制に関係するのは、主に、**ボイラー、ディーゼル発電機、ガスタービン発電機**です。ばい煙及びばい煙発生施設は、大気汚染防止法に次のように定められています。

（定義等）
　第二条　この法律において「ばい煙」とは、次の各号に掲げる物質をい

う。

一　燃料その他の物の**燃焼**に伴い発生する**いおう酸化物**

二　燃料その他の物の**燃焼**又は熱源としての**電気**の使用に伴い発生する**ばいじん**

三　物の燃焼、合成、分解その他の処理（機械的処理を除く。）に伴い発生する物質のうち、カドミウム、塩素、弗化水素、鉛その他の人の健康又は生活環境に係る被害を生ずるおそれがある物質（第一号に掲げるものを除く。）で政令で定めるもの

2　この法律において「**ばい煙発生施設**」とは、工場又は事業場に設置される施設でばい煙を発生し、及び排出するもののうち、その施設から排出されるばい煙が大気の汚染の原因となるもので政令で定めるものをいう。

ばいじんとは、いわゆる「**すす**」のことをいいます。また、ばい煙発生施設は、大気汚染防止法施行令に次のように定められています。

（ばい煙発生施設）

第二条　法第二条第二項の政令で定める施設は、別表第一の中欄に掲げる施設であつて、その規模がそれぞれ同表の下欄に該当するものとする。

別表第一（第二条関係）【抜粋】

一	ボイラー（熱風ボイラーを含み、熱源として電気又は廃熱のみを使用するものを除く。）	燃料の燃焼能力が重油換算**一時間当たり五〇リットル以上**であること。
二九	ガスタービン	燃料の燃焼能力が重油換算**一時間当たり五〇リットル以上**であること。
三〇	ディーゼル機関	

（3）ばい煙排出者の主な責務

ばい煙排出者の主な責務は、**ばい煙発生施設の設置の届出、ばい煙の排出の制限、ばい煙量等の測定**です。

①ばい煙発生施設の設置の届出

ばい煙発生施設を設置しようとするときは、**都道府県知事に届け出**なければなりません。大気汚染防止法に次のように定められています。

（ばい煙発生施設の設置の届出）

第六条　ばい煙を大気中に排出する者は、ばい煙発生施設を設置しようとするときは、環境省令で定めるところにより、次の事項を**都道府県知事に届け出**なければならない。

　　一　氏名又は名称及び住所並びに法人にあつては、その代表者の氏名

　　二　工場又は事業場の名称及び所在地

　　三　ばい煙発生施設の種類

　　四　ばい煙発生施設の構造

　　五　ばい煙発生施設の使用の方法

　　六　ばい煙の処理の方法

２　前項の規定による届出には、ばい煙発生施設において発生し、排出口から大気中に排出されるいおう酸化物若しくは特定有害物質の量（以下「ばい煙量」という。）又はばい煙発生施設において発生し、排出口から大気中に排出される排出物に含まれるばいじん若しくは有害物質（特定有害物質を除く。）の量（以下「ばい煙濃度」という。）及びばい煙の排出の方法その他の**環境省令で定める事項を記載した書類**を添附しなければならない。

---

②ばい煙の排出の制限

ばい煙排出者は、**排出基準に適合**しないばい煙を排出してはなりません。

大気汚染防止法に次のように定められています。

（ばい煙の排出の制限）

第十三条　ばい煙発生施設において発生するばい煙を大気中に排出する
　　者（以下「**ばい煙排出者**」という。）は、そのばい煙量又はばい煙濃
　　度が当該ばい煙発生施設の排出口において**排出基準に適合**しないばい
　　煙を排出してはならない。

---

③ばい煙濃度の測定

　ばい煙排出者は、**ばい煙量またはばい煙濃度を測定**し、結果を**記録**し、**保
存**しなければなりません。大気汚染防止法に次のように定められています。

（ばい煙量等の測定）

第十六条　ばい煙排出者は、環境省令で定めるところにより、当該ばい
　　煙発生施設に係る**ばい煙量又はばい煙濃度を測定**し、その結果を**記録**
　　し、これを**保存**しなければならない。

ばい煙量等の測定の頻度は、ばい煙発生施設によ
り異なり、大気汚染防止法施行規則第 15 条（ば
い煙量等の測定）に細かく定められています。
また、記録の保存年限は **3 年間**です。

（3）特定粉じん排出作業の届出

　石綿その他の人の健康に係る被害を生ずるおそれがある物質による粉じん
である特定粉じんを多量に発生、飛散させる作業をする場合には、発注者等
は都道府県**知事**に **14 日前**までに**届け出る**必要があります。大気汚染防止法
に次のように規定されています。

（特定粉じん排出等作業の実施の届出）

第十八条の十七　特定工事のうち、特定粉じんを多量に発生し、又は飛
　　散させる原因となる特定建築材料として政令で定めるものに係る特定
　　粉じん排出等作業を伴うもの（以下この条及び第十八条の十九におい
　　て「**届出対象特定工事**」という。）の**発注者**又は**自主施工者**（次項に
　　規定するものを除く。）は、当該特定粉じん排出等作業の開始の日の
　　十四日前までに、環境省令で定めるところにより、次に掲げる事項を
　　都道府県**知事**に届け出なければならない。

「特定粉じん」とは、粉じんのうち、石綿その他
の人の健康に係る被害を生ずるおそれがある物
質、「特定工事」とは、特定粉じんを排出する作
業を伴う建設工事です。

7　水質汚濁防止法

(1) 目的

　工場や事業場から公共用水域への排水規制などにより、河川、湖沼、港湾、
沿岸海域などの公共用水域、地下水の汚濁の防止を図り、国民の健康保護、
生活環境の保全、被害者の保護を目的としています。

(2) 排出水の制限

　水質汚濁防止法に、特定事業場（特定施設のある事業場）の排出水の排出
者は、排水基準に適合しない排出水を排出してはならないと、次のように定
められています。

（排出水の排出の制限）

第十二条　排出水を排出する者は、その汚染状態が当該**特定事業場**の排
　　　水口において**排水基準に適合**しない排出水を排出してはならない。

(3) 特定施設

　水質汚濁防止法の規制対象となる特定施設については、水質汚濁防止法に、
次のように定められています。

（定義）

第二条

２　この法律において「**特定施設**」とは、次の各号のいずれかの要件を
　備える**汚水又は廃液を排出する施設で政令で定めるもの**をいう。
　一　カドミウムその他の人の健康に係る被害を生ずるおそれがある物
　　　質として政令で定める物質（以下「**有害物質**」という。）を含むこと。
　二　**化学的酸素要求量その他**の水の**汚染状態**（熱によるものを含み、
　　　前号に規定する物質によるものを除く。）を**示す項目**として**政令で
　　　定める項目**に関し、生活環境に係る被害を生ずるおそれがある程度
　　　のものであること。

　つまり、特定施設とは、**有害物質を含む排水**をする施設、**汚染状態を示す
項目が一定以上の施設**で、水質汚濁防止法施行令で定められた施設をいいま
す。

化学的酸素要求量とは、COD（Chemical
Oxygen Demand）ともいい、排水を酸化剤
により酸化する際に消費される酸素量のことで、
水の汚染度の指標として用いられています。

（4）政令で定める特定施設

　特定施設については、水質汚濁防止法施行令に次のように定められています。

（特定施設）

第一条　水質汚濁防止法（以下「法」という。）第二条第二項の政令で定める施設は、**別表第一**に掲げる施設とする。

　特定施設は、水質汚濁防止法施行令の別表第一に定められています。別表第一に定められている施設には、**鉱業施設、畜産施設、製造施設**などのほか、**旅館業、飲食店、洗濯業、病院**などがあります。これらの用途の施設のうち、一定規模以上のものが特定施設に該当します。

（5）特定施設等の設置の届出

　特定施設を**設置**しようとするときは、都道府県**知事に届け出**る必要があります。水質汚濁防止法に次のように定められています。

（特定施設等の設置の届出）

第五条　工場又は事業場から公共用水域に水を排出する者は、**特定施設を設置**しようとするときは、環境省令で定めるところにより、次の事項（特定施設が有害物質使用特定施設に該当しない場合又は次項の規定に該当する場合にあつては、第五号を除く。）を**都道府県知事に届け出**なければならない。

　　一　氏名又は名称及び住所並びに法人にあつては、その代表者の氏名
　　二　工場又は事業場の名称及び所在地
　　三　特定施設の種類
　　四　特定施設の構造
　　五　特定施設の設備
　　六　特定施設の使用の方法

七　汚水等の処理の方法

八　排出水の汚染状態及び量（指定地域内の工場又は事業場に係る場合にあつては、排水系統別の汚染状態及び量を含む。）

九　その他環境省令で定める事項

(6) 事業者・国民の責務

　事業者の責務、国民の責務について、水質汚濁防止法に、次のように定められています。

（事業者の責務）

第十四条の四　事業者は、この章に規定する排出水の排出の規制等に関する措置のほか、その事業活動に伴う汚水又は廃液の公共用水域への排出又は地下への浸透の**状況を把握**するとともに、当該汚水又は廃液による公共用水域又は地下水の**水質の汚濁の防止のために必要な措置**を講ずるようにしなければならない。

（国民の責務）

第十四条の六　**何人**も、公共用水域の水質の保全を図るため、調理くず、廃食用油等の処理、洗剤の使用等を**適正に行うよう心がける**とともに、国又は地方公共団体による**生活排水対策の実施に協力**しなければならない。

　事業者は、**排水の状況を把握**し、**水質汚濁防止の措置**を講じなければなりません。また、国民は、廃油の処理、洗剤の使用等を適正に行うよう心がけ、生活排水対策に協力しなければなりません。

「事業者の責務」は、特定施設の特定事業者以外の事業者も順守する必要があります。

8　事務所衛生基準規則

(1) 適用

　事務所衛生基準規則は、**労働安全衛生法**に基づいて、労働安全衛生法を実施するために定められたもので、事務所に適用されます。また、事務所とは、建築基準法に掲げる建築物またはその一部で、**事務作業に従事する労働者が主として使用するもの**、と定義されています。

ビル管法の特定建築物に該当しなくても、事務所には、事務所衛生基準規則が適用されます。

(2) 規則の構成

　事務所衛生基準規則は、次の章により構成されています。

図表 2-12　事務所衛生基準規則の構成

章	項　目	内　容
第 1 章	総則	本規則の適用
第 2 章	**事務室の環境管理**	**室の気積、換気、温度、環境測定、点検、照度、騒音、振動など**
第 3 章	**清潔**	**給水、排水、清掃、便所、洗面設備など**
第 4 章	休養	休憩、睡眠、仮眠、休養室、立業のためのいすなど
第 5 章	救急用具	救急用具の常備など

５つの章のうち、ビル管理の業務に特に関係が深いのは、第 2 章「事務室の環境管理」と第 3 章「清潔」です。

(3) 事務所の環境管理

①気積

　気積とは、空気の占める体積をいい、労働者 1 人当たりの気積が次のように定められています。

（気積）

　第二条　事業者は、労働者を常時就業させる室（以下「室」という。）の**気積**を、設備の占める容積及び床面から**四メートルをこえる**高さにある空間を**除き、労働者一人**について、**十立方メートル以上**としなければならない。

　つまり、床から 4m 以下の範囲の気積が労働者 1 人当たり 10m³ 以上必要です。

図表 2-13　気積の範囲

4m

高さ 4m 以下の気積が 10m³ 以上

②空気調和設備等による調整

空気調和設備等による調整については、次のように定められています。

（空気調和設備等による調整）

第五条　事業者は、**空気調和設備**（空気を浄化し、その温度、湿度及び
　流量を調節して供給することができる設備をいう。以下同じ。）又は
　機械換気設備（空気を浄化し、その流量を調節して供給することがで
　きる設備をいう。以下同じ。）を設けている場合は、室に供給される
　空気が、次の各号に**適合**するように、当該設備を**調整**しなければなら
　ない。

各号及び第 2 項、第 3 項に定められている事項は、次のとおりです。

・**浮遊粉じん量**が、0.15mg/m³ 以下であること。

・**一酸化炭素**及び**二酸化炭素**の含有率が、それぞれ 10ppm 以下（外気が
　汚染されているために、一酸化炭素の含有率が 10ppm 以下の空気を供
　給することが困難な場合は、20ppm 以下）及び 1,000ppm 以下であ
　ること。

・**ホルムアルデヒド**の量が、0.1mg/m³ 以下であること。

・室に流入する空気が、特定の労働者に直接、継続して及ばないようにし、

かつ、室の**気流**を 0.5m/ 秒以下としなければならない。

・空気調和設備を設けている場合は、室の**気温**が 18℃以上 28℃以下及び**相対湿度**が 40%以上 70%以下になるように努めなければならない。

一酸化炭素の基準は本規則では 10ppm 以下ですが、ビル管法では 6 ppm 以下です。

③燃焼器具

暖房用のストーブやガス湯沸し器などの燃焼器具について、次のように定められています。

（燃焼器具）

第六条　事業者は、**燃焼器具**（発熱量が著しく少ないものを除く。以下同じ。）を使用する室又は箇所には、排気筒、換気扇その他の**換気**のための**設備**を設けなければならない。

2　事業者は、燃焼器具を**使用するとき**は、毎日、当該器具の異常の有無を**点検**しなければならない。

3　第三条第二項の規定は、第一項の換気のための設備を設ける箇所について準用する。

燃焼器具は、換気設備を設け、使用するときに点検しなければなりません。

④作業環境測定（事務所衛生基準規則第 7 条，第 7 条の 2）

中央管理方式の空気調和設備を設けている建築物の室で、事務所の用に供されるものは、**一酸化炭素**及び**二酸化炭素**の含有率、**室温**及び**外気温、相対湿度**について、**2 カ月以内ごとに 1 回**、定期に、測定し、記録を **3 年間**保存しなければなりません。ただし、一定の要件を満たしている場合は、測定

頻度の緩和措置が規定されています。

　また、**ホルムアルデヒド**については、前述したビル管法と同様に、室の**建築、大規模の修繕または大規模の模様替え**を完了し、使用を開始した日以後**最初に到来する6月から9月**までの期間に1回、測定しなければなりません。

⑤換気設備の点検（事務所衛生基準規則第9条）

　換気設備の点検は、はじめて使用するとき、分解・修理などを行ったとき、**2カ月以内ごとに1回**実施し、記録を**3年間**保存しなければならないと、定められています。

⑥空気の汚染防止措置（事務所衛生規則第9条の2）

　空気調和設備を設けている場合は、病原体による**室内空気の汚染防止**のため、次の措置を講じなければならないと、定められています。

・冷却塔及び加湿装置に供給する水を**水質基準**に適合させる措置
・**冷却塔及び冷却水**について、使用開始時及び使用開始後**1カ月以内ごとに1回点検**し、必要に応じ、清掃及び換水等を行うこと。ただし、1カ月を超える使用しない期間においては、この限りでない。
・**加湿装置**について、使用開始時及び使用開始後**1カ月以内ごとに1回点検**し、必要に応じ、清掃等を行うこと。ただし、1カ月を超える使用しない期間においては、この限りでない。
・空気調和設備内に設けられた**排水受け**について、使用開始時及び使用開始後**1カ月以内ごとに1回点検**し、必要に応じ、清掃等を行うこと。ただし、1カ月を超える使用しない期間においては、この限りでない。
・**冷却塔、冷却水の水管及び加湿装置の清掃**を、**1年以内ごとに1回**行うこと。

空気の汚染防止措置に関する事項は、ビル管法と同様の内容です。

⑦照度

　照度とは、照明によって照らされている側の明るさの度合いをいい、単位はルクスで表します。照度に関する事項は、次のように定められています。

（照度等）

第十条　事業者は、室の作業面の照度を、次の表の上欄に掲げる作業の区分に応じて、同表の下欄に掲げる基準に適合させなければならない。ただし、感光材料の取扱い等特殊な作業を行う室については、この限りでない。

作業の区分	基準
一般的な事務作業	三百ルクス以上
付随的な事務作業	百五十ルクス以上

2　事業者は、室の採光及び照明については、**明暗の対照が著しくなく**、かつ、**まぶしさを生じさせない**方法によらなければならない。

3　事業者は、室の照明設備について、**六月以内ごとに一回**、定期に、**点検**しなければならない。

　照度については、**基準値**以上確保しつつ、明暗の差やまぶしさがないようにし、**照明設備**については、**6カ月以内ごとに点検**するよう、定められています。

82

照度については、ビル管法には規定がありません。照度については、事務所衛生基準規則に基づく管理が求められます。

（4）清潔

①給水

給水については、次のように定められています。

（給水）

第十三条　事業者は、労働者の**飲用に供する水**その他の**飲料を十分に供給**するようにしなければならない。

2　事業者は、**水道法第三条第九項に規定する給水装置以外**に給水に関する設備を設けて**飲用**し、又は食器の洗浄に**使用する水を供給**するときは、当該水について、次に定めるところによらなければならない。

一　地方公共団体等の行う水質検査により、水道法第四条の規定による**水質基準に適合**していることを確認すること。

二　給水せんにおける水に含まれる**遊離残留塩素**の含有率を**百万分の〇・一**（**結合残留塩素**の場合は、**百万分の〇・四**）以上に保持するようにすること。ただし、供給する水が病原生物に著しく汚染されるおそれのある場合又は病原生物に汚染されたことを疑わせるような生物若しくは物質を多量に含むおそれのある場合は、百万分の〇・二（結合残留塩素の場合は、百万分の一・五）以上にすること。

三　有害物、汚水等によつて水が汚染されないように、適当な**汚染防止の措置**を講ずること。

まず、事業者は労働者に対して**十分な飲料水を供給**しなければなりません。

そして、いわゆる上水道とは異なる水を飲用などに用いる場合には、**水質基準の適合、残留塩素の確保、汚染防止措置**が義務づけられています。

②排水

　排水については、事務所衛生規則第14条に、「事業者は、排水に関する設備については、当該設備の正常な**機能が阻害**されることにより**汚水の漏出**等が生じないように、**補修及び掃除**を行わなければならない。」と定められています。

③清掃などの実施

　清掃などの実施については、次のように定められています。

（清掃等の実施）

第十五条　事業者は、次の各号に掲げる措置を講じなければならない。

　一　**日常**行う**清掃**のほか、**大掃除**を、**六月以内ごとに一回**、定期に、統一的に行うこと。

　二　ねずみ、昆虫等の発生場所、生息場所及び侵入経路並びにねずみ、昆虫等による被害の状況について、**六月以内ごとに一回**、定期に、**統一的に調査**を実施し、当該**調査の結果**に基づき、ねずみ、昆虫等の発生を防止するため**必要な措置**を講ずること。

　三　ねずみ、昆虫等の防除のため殺そ剤又は殺虫剤を使用する場合は、医薬品、医療機器等の品質、有効性及び安全性の確保等に関する法律（昭和三十五年法律第百四十五号）第十四条又は第十九条の二の規定による承認を受けた医薬品又は医薬部外品を用いること。

④便所・洗面設備

便所・洗面設備については、次のように定められています。

（便所）

第十七条　事業者は、次に定めるところにより便所を設けなければならない。

一　**男性用**と**女性用**に**区別**すること。

二　**男性用大便所**の便房の数は、次の表の上欄に掲げる同時に就業する男性労働者の数に応じて、同表の下欄に掲げる数以上とすること。

同時に就業する男性労働者の数	便房の数
六十人以内	一
六十人超	一に、同時に就業する男性労働者の数が**六十人**を超える六十人又はその端数を増すごとに一を加えた数

三　**男性用小便所**の箇所数は、次の表の上欄に掲げる同時に就業する男性労働者の数に応じて、同表の下欄に掲げる数以上とすること。

同時に就業する男性労働者の数	箇所数
三十人以内	一
三十人超	一に、同時に就業する男性労働者の数が**三十人**を超える三十人又はその端数を増すごとに一を加えた数

四　**女性用便所**の便房の数は、次の表の上欄に掲げる同時に就業する女性労働者の数に応じて、同表の下欄に掲げる数以上とすること。

同時に就業する女性労働者の数	便房の数
二十人以内	一
二十人超	一に、同時に就業する女性労働者の数が**二十人**を超える二十人

	又はその端数を増すごとに一を加えた数

　五　便池は、**汚物が土中に浸透しない構造**とすること。

　六　流出する清浄な水を十分に供給する**手洗い設備**を設けること。

２　事業者は、便所を**清潔**に保ち、**汚物**を適当に**処理**しなければならない。

（独立個室型の便所の特例）

第十七条の二　前条第一項第一号から第四号までの規定にかかわらず、同時に就業する労働者の数が常時**十人以内**である場合は、**男性用と女性用に区別しない四方を壁等で囲まれた一個の便房により構成される便所**（次項において「独立個室型の便所」という。）を設けることで足りるものとする。

（洗面設備等）

第十八条　事業者は、**洗面設備**を設けなければならない。

２　事業者は、被服を汚染し、若しくは湿潤し、又は汚染し、若しくは湿潤するおそれのある労働者のために、**更衣設備**又は被服の**乾燥設備**を設けなければならない。

　便所については、便所の種類ごとに**人数当たりの便房（ブース）の個数**が定められています。また、同時に就業する労働者の数が常時の**10人以内**である場合の**特例**が規定されています。

このあとの第4章休養には、常時50人以上または常時女性30人以上の労働者を使用するときは、労働者が臥床（がしょう）することのできる休養室または休養所を、男性用と女性用に区別して設けなければならないと規定されています。

9　各種リサイクル法

(1) リサイクル法の法体系

　いわゆるリサイクル法は、循環型社会形成推進基本法を**基本法**として、特定の業種、品目について、**個別リサイクル法**が定められています。リサイクル法の法体系は次のとおりです。

図表 2-14　リサイクル法の法体系

基本法	個別リサイクル法
循環型社会形成推進基本法	資源の有効な利用の促進に関する法律
	容器包装に係る分別収集及び再商品化の促進等に関する法律（容器包装リサイクル法）
	特定家庭用機器再商品化法（家電リサイクル法）
	使用済小型電子機器等の再資源化の促進に関する法律（小型家電リサイクル法）
	食品循環資源の再生利用等の促進に関する法律（食品リサイクル法）
	建設工事に係る資材の再資源化等に関する法律 (建設リサイクル法)
	使用済自動車の再資源化等に関する法律（自動車リサイクル法）
	プラスチックに係る資源循環の促進等に関する法律（プラスチック資源循環法）

(2) 各種リサイクル法の概要

①循環型社会形成推進基本法

　循環型社会形成推進基本法は、循環型社会の形成を推進する基本的な枠組みとなる法律で、**[1] 発生抑制、[2] 再使用、[3] 再生利用、[4] 熱回収、[5] 適正処分**での優先順位の処理を定めた法律です。

②資源の有効な利用の促進に関する法律

　資源の有効な利用の促進に関する法律は、特定業種・特定品目を対象業種・対象製品として、事業者に対して **3R（リデュース・リユース・リサイクル）**の取組みを定めた法律です。

③容器包装に係る分別収集及び再商品化の促進等に関する法律

　容器包装に係る分別収集及び再商品化の促進等に関する法律は、容器包装リサイクル法ともよばれ、容器包装廃棄物について、リサイクルの促進等により、廃棄物の**減量化**を図るとともに、資源の**有効利用**を図るための法律です。

④特定家庭用機器再商品化法

　特定家庭用機器再商品化法は、家電リサイクル法ともよばれ、エアコン、テレビ、冷蔵庫、洗濯機などの家電品目について、小売業者による**引取り**及び製造業者等による**再商品化等（リサイクル）**を定めた法律です。

⑤使用済小型電子機器等の再資源化の促進に関する法律

　使用済小型電子機器等の再資源化の促進に関する法律は、小型家電リサイクル法ともよばれ、携帯電話やデジタルカメラ、ゲーム機等の使用済小型電子機器等の**再資源化**を促進するため、基本方針の策定や再資源化事業計画等に関する特例等について定めた法律です。

⑥食品循環資源の再生利用等の促進に関する法律

　食品循環資源の再生利用等の促進に関する法律は、食品リサイクル法とも
よばれ、食品廃棄物について、食品関連事業者による**発生抑制、減量化、再
生利用**等を促進するための法律です。

⑦建設工事に係る資材の再資源化等に関する法律

　建設工事に係る資材の再資源化等に関する法律は、建設リサイクル法とも
よばれ、コンクリート、木材などの特定建設資材を用いた一定規模以上の建
設工事について、受注者等に対する**分別解体、再資源化**等を定めた法律です。

⑧使用済自動車の再資源化等に関する法律

　使用済自動車の再資源化等に関する法律は、自動車リサイクル法ともよば
れ、自動車の所有者に対して、**リサイクル料金の支払い**、自治体に登録され
た引取業者への廃車の**引渡し**などを定めた法律です。

⑨プラスチックに係る資源循環の促進等に関する法律

　プラスチックに係る資源循環の促進等に関する法律は、プラスチック資源
循環促進法ともよばれ、プラスチック資源の**循環促進**を図るため、プラスチッ
ク製品の**使用の合理化**、廃棄物の**再商品化**、**自主回収**、**再資源化**を促進する
ための**制度の創設**等を目的とした法律です。

チェックリストで確認

第2章のポイント

- □ ビルの環境衛生に関する主な法律には、建築物における衛生的環境の確保に関する法律（ビル管法）、水道法、浄化槽法、廃棄物の処理及び清掃に関する法律、下水道法、大気汚染防止法、水質汚濁防止法、事務所衛生基準規則、各種リサイクル法がある。

- □ ビル管法における主な規制は、建築物環境衛生管理基準の順守、特定建築物についての届出、建築物環境衛生管理技術者の選任である。

- □ ビルの水道には、専用水道、簡易専用水道、小規模貯水槽水道がある。

- □ ビルのような自家用水道のうち、100人を超える者に水を供給するもの、または1日の最大給水量が20m³を超えるものは専用水道に、専用水道以外のもので水槽の有効容量が10m³を超えるものは簡易専用水道に、簡易専用水道に該当しない貯水槽水道は小規模貯水槽水道に該当する。

- □ 浄化槽法には、浄化槽の保守点検・清掃、技術管理者の設置、報告書の提出、浄化槽の定期検査が定められている。

- □ 廃棄物の処理及び清掃に関する法律により、廃棄物は、事業活動に伴って生じた産業廃棄物と、それ以外の一般廃棄物に分類される。

- □ 産業廃棄物、一般廃棄物ともに、アスベスト（石綿）などの人の健康または生活環境に係る被害を生ずるおそれがある性状を有するものは、それぞれ、特別管理産業廃棄物、特別管理一般廃棄物に分類される。

- □ 事業活動によって生じた廃棄物は、原則、産業廃棄物に該当する。ただし、事務所の紙ごみやし尿を含んだビルの汚水槽の汚泥などは、一般廃棄物に該当し、事業系一般廃棄物という。

- □ 大気汚染防止法により、ボイラー、ディーゼル発電機、ガスタービン発電機などを設置するばい煙排出者は、ばい煙発生施設の設置の届出、ばい煙の排出の制限、ばい煙量等の測定の責務が定められている。

- □ 水質汚濁防止法により、旅館業、飲食店、洗濯業、病院などの用途の施設のうち、一定規模以上のものは特定施設に該当し、特定施設を設置しようとするときは、都道府県知事に届け出る必要がある。

- □ 事務所衛生基準規則は、労働安全衛生法に基づいて、労働安全衛生法を実施するために定められたもので、事務所に適用される。

- □ リサイクル法には、循環型社会形成推進基本法、資源の有効な利用の促進に関する法律、容器包装リサイクル法、家電リサイクル法、小型家電リサイクル法、食品リサイクル法、建設リサイクル法、自動車リサイクル法、プラスチック資源循環促進法などがある。

第3章

設備管理に関する法律

建築設備の管理に関する主な法律は、次のとおりです。

- ・建築基準法
- ・電気事業法
- ・消防法
- ・高圧ガス保安法
- ・ボイラー及び圧力容器安全規則
- ・ゴンドラ安全規則

1 建築基準法

(1) 目的

　建築基準法は、建築物の敷地、構造、**設備**及び用途に関する**最低の基準**を定めて、国民の生命、健康及び財産の保護、公共の福祉に資することを目的としています。

(2) 建築設備

　建築設備については、建築基準法に次のように定められています。

（用語の定義）

第二条

三　**建築設備**　建築物に設ける電気、ガス、給水、排水、換気、暖房、冷房、消火、排煙若しくは汚物処理の設備又は煙突、昇降機若しくは避雷針をいう。

---

(3) 建築物・建築設備の維持保全

　建築物・建築設備の維持保全について、建築基準法に次のように定められています。

（維持保全）

第八条　建築物の所有者、管理者又は占有者は、その建築物の敷地、構造及び**建築設備**を**常時適法な状態に維持**するように努めなければならない。

（4）建築物、建築設備の報告、検査

　建築物、建築設備の報告、検査について、建築基準法に次のように定められています。

①報告、検査

（報告、検査等）

第十二条　第六条第一項第一号に掲げる**建築物で安全上、防火上又は衛生上特に重要であるものとして政令で定めるもの**（国、都道府県及び建築主事を置く市町村が所有し、又は管理する建築物（以下この項及び第三項において「国等の建築物」という。）を除く。）及び当該政令で定めるもの以外の特定建築物（同号に掲げる建築物その他政令で定める建築物をいう。以下この条において同じ。）で特定行政庁が指定するもの（国等の建築物を除く。）の**所有者**（所有者と管理者が異なる場合においては、管理者。第三項において同じ。）は、これらの**建築物の敷地、構造及び建築設備**について、国土交通省令で定めるところにより、**定期**に、一級建築士若しくは二級建築士又は建築物調査員資格者証の交付を受けている者（次項及び次条第三項において「**建築物調査員**」という。）にその**状況の調査**（これらの建築物の敷地及び構造についての損傷、腐食その他の劣化の状況の点検を含み、これらの建築物の建築設備及び防火戸その他の政令で定める防火設備（以下「建築設備等」という。）についての第三項の検査を除く。）をさせて、その**結果を特定行政庁に報告**しなければならない。

3　特定建築設備等（**昇降機**及び特定建築物の昇降機以外の**建築設備等**をいう。以下この項及び次項において同じ。）で**安全上、防火上又は衛生上特に重要であるものとして政令で定めるもの**（国等の建築物に設けるものを除く。）及び当該政令で定めるもの以外の特定建築設備等で特定行政庁が指定するもの（国等の建築物に設けるものを除く。）の**所有者**は、これらの特定建築設備等について、国土

交通省令で定めるところにより、**定期**に、一級建築士若しくは二級建築士又は建築設備等検査員資格者証の交付を受けている者（次項及び第十二条の三第二項において「**建築設備等検査員**」という。）に**検査**（これらの特定建築設備等についての損傷、腐食その他の劣化の状況の点検を含む。）をさせて、その**結果を特定行政庁に報告**しなければならない。

　安全上、防火上または衛生上特に重要な政令で定める建築物の所有者は、**建築物**の敷地、構造及び**建築設備**について、**定期**に建築物調査員に状況の**調査**をさせて、結果を特定行政庁に**報告**しなければなりません。

　また、安全上、防火上または衛生上特に重要な**昇降機**及び建築設備等で、政令で定めるものや特定行政庁が指定するものの所有者は、昇降機及び建築設備等について、**定期**に、建築設備等検査員に**検査**をさせて、結果を特定行政庁に**報告**しなければなりません。

特定行政庁とは、建築基準法第2条第35号に「建築主事を置く市町村の区域については当該市町村の長をいい、その他の市町村の区域については都道府県知事をいう。ただし、第九十七条の二第一項又は第九十七条の三第一項の規定により建築主事を置く市町村の区域内の政令で定める建築物については、都道府県知事とする。」と定義されています。

②報告、検査のフロー

　建築物、建築設備の報告、検査のフローは、次のとおりです。

図表 3-1　建築物、建築設備の報告、検査フロー

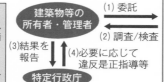

【報告対象の建築物等】　【報告手続きの流れ】

・国が政令で指定する
　①建築物、②建築設備、
　③昇降機等、④防火設備

・特定行政庁が指定する
　①建築物、②建築設備、
　③昇降機、④防火設備

建築物等の所有者・管理者　(1) 委託

(2) 調査/検査

(3)結果を報告　(4)必要に応じて違反是正指導等

特定行政庁

○専門技術を有する資格者
・一級建築士
・二級建築士
・法定講習の修了者で国土交通大臣から資格者証の交付を受けた者
（特定建築物調査員・昇降機等検査員・建築設備検査員・防火設備検査員）

出典：国土交通省ウェブサイト「新たな定期報告制度の施行について」
（https://www.mlit.go.jp/jutakukentiku/build/jutakukentiku_house_tk_000039.html）をもとに筆者作成。

③報告、検査の種類

　報告、検査には、次の種類があります。

・**特定建築物**定期調査：建築物の敷地、構造などの調査

・**防火設備**定期検査：防火シャッターなど防火設備の検査

・**建築設備**定期検査：換気設備、配線設備など建築設備の検査

・**昇降機等**定期検査：エレベーターなど昇降機設備の検査

　特定行政庁へ検査結果の報告をすると、**報告済証**が特定行政庁から建築物の所有者へ発行されます。

④報告、検査が必要な建築物、建築設備

　報告、検査が必要な建築物、建築設備については、建築基準法施行令第16 条に定められています。

定期報告を要する建築物等については、詳細は、各特定行政庁にて案内していますので、照会してください。

2　電気事業法

(1)　目的

電気事業法の目的は、次のように定められています。

（目的）

第一条　この法律は、電気事業の運営を適正かつ合理的ならしめること
によつて、**電気の使用者の利益を保護**し、及び電気事業の健全な発達
を図るとともに、**電気工作物の工事、維持及び運用を規制**すること
によつて、公共の安全を確保し、及び環境の保全を図ることを目的とす
る。

(2)　電気工作物

電気工作物は、「発電、蓄電、変電、送電若しくは配電又は**電気の使用の
ために設置**する機械、器具、ダム、水路、貯水池、電線路その他の**工作物**（船
舶、車両又は航空機に設置されるものその他の政令で定めるものを除く。）
をいう。」と、電気事業法第 2 条第 18 号に定義されています。

また、電気工作物は、電気事業法第 38 条により、次のように分類されま
す。

図表 3-2　電気工作物の区分

```
電気工作物 ─┬─ 事業用電気工作物
           │      事業用電気工作物とは事業に使用するための電気工作物をいい
           │      ます。
           │      また、電気事業法に基づいて事業用電気工作物を設置するため
           │      には、保安規程の届出や主任技術者の選任など安全の確保のた
           │      めの措置を取らなければ設置できません。
           │        （例）電力会社や工場などの発電所、変電所、送電線、配電線、
           │            需要設備
           │
           ├─ 自家用電気工作物
           │      電気事業の用に供する事業用電気工作物以外の事業用電気
           │      工作物である。
           │        （例）工場・ビルなどの600Vを超えて受電する需要設備
           │
           └─ 一般用電気工作物
                  一般用電気工作物とは比較的電圧が小さく安全性の高い電気工
                  作物をいい、一般用電気工作物を設置するためには保安規程の
                  届出や主任技術者の選任などが不要であるため、一般家庭等に
                  容易に設置することができます。
                    （例）一般家庭、商店、コンビニ、小規模事務所等の屋内配線、
                        一般家庭用太陽光発電
```

出典：経済産業省ウェブサイト「電気工作物の保安」(https://www.meti.
　　　go.jp/policy/safety_security/industrial_safety/sangyo/
　　　electric/detail/setsubi_hoan.html)をもとに筆者作成。

　ほとんどのビルの電気設備は、**事業用電気工作物**のうちの**自家用電気工作物**に該当します。

(3) 事業用電気工作物の設置者の義務

　事業用電気工作物の設置者には、主に、次の3つの義務が電気事業法により定められています。

・**技術基準への適合**
・**保安規程**の作成、届出、順守
・**電気主任技術者**の選任、届出

①技術基準への適合

技術基準への適合については、電気事業法に次のように定められています。

（事業用電気工作物の維持）

第三十九条　事業用電気工作物を設置する者は、事業用電気工作物を主務省令で定める**技術基準に適合するように維持**しなければならない。

（技術基準適合命令）

第四十条　主務大臣は、事業用電気工作物が前条第一項の主務省令で定める**技術基準に適合していない**と認めるときは、事業用電気工作物を設置する者に対し、その技術基準に適合するように事業用電気工作物を**修理**し、**改造**し、若しくは**移転**し、若しくはその**使用を一時停止**すべきことを命じ、又はその**使用を制限**することができる。

②保安規程の作成、届出、順守

保安規程に関しては、電気事業法に次のように定められています。

なお、本書では、令和5年3月20日施行の内容に合わせています。

（保安規程）

第四十二条　事業用電気工作物（小規模事業用電気工作物を除く。以下この款において同じ。）を設置する者は、事業用電気工作物の工事、維持及び運用に関する**保安を確保**するため、主務省令で定めるところにより、保安を一体的に確保することが必要な事業用電気工作物の組織ごとに**保安規程を定め**、当該組織における事業用電気工作物の使用（第五十一条第一項又は第五十二条第一項の自主検査を伴うものにあつては、その工事）の開始前に、主務大臣に**届け出**なければならない。

2　事業用電気工作物を設置する者は、保安規程を変更したときは、遅滞なく、変更した事項を主務大臣に届け出なければならない。

3　主務大臣は、事業用電気工作物の工事、維持及び運用に関する保安

を確保するため必要があると認めるときは、事業用電気工作物を設置する者に対し、保安規程を変更すべきことを命ずることができる。

4　事業用電気工作物を設置する者及びその従業者は、**保安規程を守らなければならない**。

保安規程とは、電気工作物の保安に関するルールで、電気事業法施行規則に、点検、巡視に関する事項などの保安規程に定めるべき事項が定められています。

③電気主任技術者の選任、届出

電気主任技術者に関しては、電気事業法に次のように定められています。なお、本書では、令和5年3月20日施行の内容に合わせています。

（主任技術者）

第四十三条　事業用電気工作物を設置する者は、事業用電気工作物の工事、維持及び運用に関する**保安の監督**をさせるため、主務省令で定めるところにより、主任技術者免状の交付を受けている者のうちから、**主任技術者を選任**しなければならない。

2　自家用電気工作物（小規模事業用電気工作物を除く。）を設置する者は、前項の規定にかかわらず、主務大臣の**許可**を受けて、主任技術者免状の交付を受けていない者を主任技術者として選任することができる。

3　事業用電気工作物を設置する者は、主任技術者を選任したとき（前項の許可を受けて選任した場合を除く。）は、遅滞なく、その旨を主務大臣に**届け出**なければならない。これを解任したときも、同様とする。

4 主任技術者は、事業用電気工作物の工事、維持及び運用に関する保安の監督の**職務を誠実**に行わなければならない。

5 事業用電気工作物の工事、維持又は運用に従事する者は、主任技術者がその保安のためにする**指示に従わなければならない。**

　電気主任技術者免状には、第1種、第2種、第3種電気主任技術者免状があり、免状の種類により保安監督できる範囲が、電気事業法施行規則第56条に、次のように定められています。

図表 3-3　免状の種類

主任技術者免状の種類	保安の監督をすることができる範囲
一　第一種電気主任技術者免状	事業用電気工作物の工事、維持及び運用（四又は六に掲げるものを除く。）
二　第二種電気主任技術者免状	**電圧十七万ボルト未満**の事業用電気工作物の工事、維持及び運用（四又は六に掲げるものを除く。）
三　第三種電気主任技術者免状	**電圧五万ボルト未満**の事業用電気工作物（出力五千キロワット以上の発電所又は蓄電所を除く。）の工事、維持及び運用（四又は六に掲げるものを除く。）
四　第一種ダム水路主任技術者免状	水力設備（小型のもの又は特定の施設内に設置されるものであって別に告示するものを除く。）の工事、維持及び運用（電気的設備に係るものを除く。）
六　第一種ボイラー・タービン主任技術者免状	火力設備（アンモニア又は水素以外を燃料として使用する火力設備のうち、小型の汽力を原動力とするものであって別に告示するもの、小型のガスタービンを原動力とするものであって別に告示するもの及び内燃力を原動力とするものを除く。）、原子力設備及び燃料電池設備（改質器の最高使用圧力が九十八キロパスカル以上のものに限る。）の工事、維持及び運用（電気的設備に係るものを除く。）

大規模ビルの電気設備の保安監督には第2種電気主任技術者以上の免状が、中小規模ビルの電気設備の保安監督には第3種電気主任技術者以上の免状が求められます。
第1種電気主任技術者免状は、電気事業用電気工作物の保安監督に求められます。

3　消防法

(1) 目的

消防法の目的は、次のように定められています。

> 第一条　この法律は、**火災を予防し、警戒し及び鎮圧**し、国民の生命、
> 身体及び財産を火災から保護するとともに、火災又は地震等の災害に
> よる被害を軽減するほか、災害等による傷病者の搬送を適切に行い、
> もつて安寧秩序を保持し、社会公共の福祉の増進に資することを目的
> とする。

(2) 防火対象物と危険物

消防法では、ビルなどの建築物は、火災予防などの対象となる防火対象物
として、次のように定義されています。

> 第二条　この法律の用語は左の例による。
> ②　防火対象物とは、山林又は舟車、船きよ若しくはふ頭に繋留された
> 船舶、**建築物**その他の工作物若しくはこれらに属する物をいう。

（3）防火管理者

　消防法では、防火対象物の防火管理をする者として、防火管理者が次のように定められています。

　第八条　学校、病院、工場、事業場、興行場、百貨店（これに準ずるものとして政令で定める大規模な小売店舗を含む。以下同じ。）、複合用途防火対象物（防火対象物で政令で定める二以上の用途に供されるものをいう。以下同じ。）その他多数の者が出入し、勤務し、又は居住する防火対象物で政令で定めるものの管理について権原を有する者は、政令で定める資格を有する者のうちから**防火管理者**を定め、政令で定めるところにより、当該防火対象物について**消防計画の作成**、当該消防計画に基づく**消火、通報及び避難の訓練の実施**、消防の用に供する設備、消防用水又は消火活動上必要な施設の**点検及び整備**、火気の使用又は取扱いに関する**監督、避難**又は防火上必要な構造及び設備の維持管理並びに収容人員の管理その他**防火管理上必要な業務**を行わせなければならない。

　　②　前項の権原を有する者は、同項の規定により防火管理者を定めたときは、遅滞なくその旨を所轄消防長又は消防署長に**届け出**なければならない。これを解任したときも、同様とする。

　一定の要件のビルは、防火管理講習を修了した者を**防火管理者**として定め、**届け出**なければなりません。そして、防火管理者は、**消防計画の作成、避難訓練の実施、消防設備点検**などの防火管理業務を実施しなければなりません。

（4）統括防火管理者

　管理権原が分かれている防火対象物を統括管理する者として、統括防火管理者が次のように定めれれています。

　第八条の二　高層建築物（高さ三十一メートルを超える建築物をいう。

第八条の三第一項において同じ。）その他政令で定める防火対象物で、その**管理について権原が分かれているもの**又は地下街（地下の工作物内に設けられた店舗、事務所その他これらに類する施設で、連続して地下道に面して設けられたものと当該地下道とを合わせたものをいう。以下同じ。）でその**管理について権原が分かれているもの**のうち消防長若しくは消防署長が指定するものの管理について権原を有する者は、政令で定める資格を有する者のうちからこれらの**防火対象物の全体について防火管理上必要な業務を統括する防火管理者**（以下この条において「**統括防火管理者**」という。）を**協議して定め**、政令で定めるところにより、当該防火対象物の**全体**についての**消防計画の作成**、当該消防計画に基づく**消火、通報及び避難の訓練**の実施、当該防火対象物の廊下、階段、避難口その他の避難上必要な施設の管理その他当該防火対象物の**全体**についての**防火管理上必要な業務**を行わせなければならない。

　テナントビルのように管理権原が分かれているような一定規模以上のビルは、**統括防火管理者**を話し合いで決めて、統括防火管理者は、**ビル全体**の**消防計画、避難訓練**などの業務を実施しなければなりません。

また、統括防火管理者は、各権原者の防火管理者に対し、必要な指示をすることができる旨、消防法第8条の2第2項に定められています。

（5）防火対象物点検

　火災予防上必要があると定められた防火対象物については、**防火管理上の必要な業務**が、基準に適合しているか**点検**し、**報告**しなければならない旨、消防法に、次のように規定されています。

第八条の二の二　第八条第一項の防火対象物のうち**火災の予防上必要があるものとして政令で定めるもの**の管理について権原を有する者は、総務省令で定めるところにより、**定期**に、防火対象物における火災の予防に関する専門的知識を有する者で総務省令で定める資格を有するもの（次項、次条第一項及び第三十六条第四項において「**防火対象物点検資格者**」という。）に、当該**防火対象物における防火管理上必要な業務**、消防の用に供する設備、消防用水又は消火活動上必要な施設の設置及び維持その他火災の予防上必要な事項（次項、次条第一項及び第三十六条第四項において「点検対象事項」という。）がこの法律又はこの法律に基づく命令に規定する事項に関し総務省令で定める**基準**（次項、次条第一項及び第三十六条第四項において「点検基準」という。）に**適合**しているかどうかを**点検**させ、その結果を消防長又は消防署長に**報告**しなければならない。ただし、第十七条の三の三の規定による点検及び報告の対象となる事項については、この限りでない。

「第十七条の三の三の規定による点検及び報告の対象となる事項」とは、後述する消防用設備等の点検、報告に該当する事項です。

防火対象物点検資格者により基準に適合していると認められた防火対象物には、次の表示をすることができます。

図表 3-4　防火基準点検済証（消防法施行規則別表第 1）

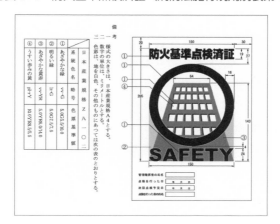

（6）消防用設備

消防用設備については、消防法に次のように定められています。

①消防用設備の設置、維持

消防用設備の設置、維持について、消防法に次のように定められています。

第十七条　学校、病院、工場、事業場、興行場、百貨店、旅館、飲食店、
地下街、複合用途防火対象物その他の防火対象物で政令で定めるもの
の関係者は、政令で定める消防の用に供する設備、消防用水及び消火
活動上必要な施設（以下「**消防用設備等**」という。）について消火、
避難その他の消防の活動のために必要とされる性能を有するように、
政令で定める**技術上の基準**に従つて、**設置し、及び維持**しなければな
らない。

---

②消防用設備の点検、報告

消防用設備の点検、報告について、消防法に次のように定められています。

第十七条の三の三　第十七条第一項の防火対象物（政令で定めるものを除く。）の関係者は、当該防火対象物における消防用設備等又は特殊消防用設備等（第八条の二の二第一項の防火対象物にあつては、消防用設備等又は特殊消防用設備等の機能）について、総務省令で定めるところにより、定期に、当該防火対象物のうち政令で定めるものにあつては**消防設備士免状**の交付を受けている者又は総務省令で定める**資格を有する者**に**点検**させ、その他のものにあつては自ら点検し、その結果を消防長又は消防署長に**報告**しなければならない。

防火対象物点検は、ビル全体の運用に関する点検、消防設備点検は、消防設備の外観、機能などに関する点検です。いずれも、点検結果を報告する必要があります。

4　消防法（危険物）

(1) 危険物の定義

危険物は、消防法に次のように定義されています。

第二条　この法律の用語は左の例による。
⑦　**危険物**とは、別表第一の品名欄に掲げる物品で、同表に定める区分に応じ同表の性質欄に掲げる性状を有するものをいう。

危険物は消防法に定義されています。

（2）危険物の種類

①危険物の類別

危険物は、消防法により、次の 6 つの類に分けられています。

第一類：酸化性固体

第二類：可燃性固体

第三類：自然発火性物質及び禁水性物質

第四類：引火性液体

第五類：自己反応性物質

第六類：酸化性液体

②第四類：引火性液体

前記の危険物の類別のうち、一般に、ビルにおいて貯蔵、取り扱うことがあるのは、「第四類：引火性液体」です。引火性液体は、さらに次のように分けられています。

一　特殊引火物

二　第一石油類

三　アルコール類

四　第二石油類

五　第三石油類

六　第四石油類

七　動植物油類

引火性液体のうち、一般に、ビルで貯蔵、取り扱うのは、発電機などの燃料になる**灯油、軽油、重油**で、これらは消防法により、次の通り、**第二石油類、第三石油類**に該当します。

別表第一

備考

十四　**第二石油類**とは、**灯油、軽油**その他一気圧において引火点が二一度以上七〇度未満のものをいい、塗料類その他の物品であつて、組成等を勘案して総務省令で定めるものを除く。

十五　**第三石油類**とは、**重油**、クレオソート油その他一気圧において引火点が七〇度以上二〇〇度未満のものをいい、塗料類その他の物品であつて、組成を勘案して総務省令で定めるものを除く。

灯油と軽油は第二石油類、重油は第三石油類に分類されます。

（3）貯蔵所、取扱い場所以外での貯蔵、取扱いの禁止

消防法により、指定数量以上（一定の数量以上）の危険物を、貯蔵所、取扱い場所以外で貯蔵、取り扱うことを、次のとおり、原則、**禁止**しています。

第十条　**指定数量以上の危険物**は、貯蔵所（車両に固定されたタンクにおいて危険物を貯蔵し、又は取り扱う**貯蔵所**（以下「移動タンク貯蔵所」という。）を含む。以下同じ。）**以外の場所**でこれを**貯蔵**し、又は製造所、貯蔵所及び**取扱所以外の場所**でこれを**取り扱つてはならない**。ただし、所轄消防長又は消防署長の承認を受けて指定数量以上の危険物を、十日以内の期間、仮に貯蔵し、又は取り扱う場合は、この限り

でない。

（4）貯蔵所、取扱所の設置許可

　消防法により、貯蔵所、取扱所を設置しようとする者は、市町村長または都道府県知事等の**許可**を受けなければなりません。

第十一条　製造所、**貯蔵所又は取扱所を設置しようとする者**は、政令で定めるところにより、製造所、貯蔵所又は取扱所ごとに、次の各号に掲げる製造所、貯蔵所又は取扱所の区分に応じ、当該各号に定める者の**許可**を受けなければならない。製造所、貯蔵所又は取扱所の位置、構造又は設備を**変更しようとする者**も、同様とする。

一　**消防本部及び消防署を置く市町村**（次号及び第三号において「消防本部等所在市町村」という。）の区域に設置される製造所、貯蔵所又は取扱所（配管によつて危険物の移送の取扱いを行うもので政令で定めるもの（以下「移送取扱所」という。）を除く。）　当該**市町村長**

二　**消防本部等所在市町村以外の市町村**の区域に設置される製造所、貯蔵所又は取扱所（移送取扱所を除く。）　当該区域を管轄する**都道府県知事**

三　一の消防本部等所在市町村の区域のみに設置される移送取扱所　当該**市町村長**

四　前号の移送取扱所以外の移送取扱所　当該移送取扱所が設置される区域を管轄する**都道府県知事**（**二以上の都道府県の区域**にわたつて設置されるものについては、**総務大臣**）

（5）技術基準適合維持

　消防法により、貯蔵所、取扱所の所有者等は、貯蔵所、取扱所が**技術基準に適合**するよう、維持しなければなりません。

第十二条　製造所、貯蔵所又は取扱所の所有者、管理者又は占有者は、製造所、貯蔵所又は取扱所の位置、構造及び設備が第十条第四項の**技術上の基準に適合するように維持**しなければならない。

(6) 危険物保安監督者

　消防法により、政令で定められた貯蔵所、取扱所の所有者等は、実務経験を有する危険物取扱者の免状を有している者を**危険物保安監督者**として定め、市町村長等に**届け出る**必要があります。また、**危険物取扱者の免状を有していない者**は、危険物取扱者の免状を有している者の**立会いなし**では、**危険物を取り扱うことはできません。**

第十三条　政令で定める製造所、貯蔵所又は取扱所の所有者、管理者又は占有者は、甲種危険物取扱者（甲種危険物取扱者免状の交付を受けている者をいう。以下同じ。）又は乙種危険物取扱者（乙種危険物取扱者免状の交付を受けている者をいう。以下同じ。）で、六月以上危険物取扱いの実務経験を有するもののうちから**危険物保安監督者**を定め、総務省令で定めるところにより、その者が取り扱うことができる危険物の取扱作業に関して保安の監督をさせなければならない。

　②　製造所、貯蔵所又は取扱所の所有者、管理者又は占有者は、前項の規定により**危険物保安監督者を定めた**ときは、**遅滞なく**その旨を**市町村長等に届け出**なければならない。これを**解任**したときも、同様とする。

　③　製造所、貯蔵所及び取扱所においては、**危険物取扱者**（危険物取扱者免状の交付を受けている者をいう。以下同じ。）**以外**の者は、**甲種危険物取扱者又は乙種危険物取扱者が立ち会わなければ**、危険物を**取り扱つてはならない。**

甲種危険物取扱者は、全類の危険物の取扱いと立会いが、乙種危険物取扱者は、各類の危険物の取扱いと立会いができる資格者です。

（7）貯蔵所、取扱所の定期点検

消防法に、政令で定める貯蔵所、取扱所について、**定期点検**を実施し、記録を保存する旨、次のように定められています。

第十四条の三の二　政令で定める製造所、貯蔵所又は取扱所の所有者、管理者又は占有者は、これらの製造所、**貯蔵所又は取扱所**について、総務省令で定めるところにより、**定期に点検**し、その点検**記録**を作成し、これを**保存**しなければならない。

また、定期点検の時期、内容については、危険物の規制に関する規則に次のように定められています。

（定期点検を行わなければならない時期等）

第六十二条の四　法第十四条の三の二の規定による定期点検は、**一年**（告示で定める構造又は設備にあつては告示で定める期間）に**一回以上**行わなければならない。ただし、第六十二条の二第一項第一号に掲げる事由により、定期点検を行うことが困難であると認められるときは、市町村長等が点検を行うべき期限を別に定めることができる。

2　法第十四条の三の二の規定による定期点検は、法第十条第四項の**技術上の基準に適合**しているかどうかについて行う。

定期点検は、1年に1回以上、技術基準に適合
しているかについて行う必要があります。
また、危険物の規制に関する規則には、地下タン
クの漏れの点検など、定期点検の詳細についても
規定されています。

5　高圧ガス保安法

(1) 高圧ガス保安法の目的

　高圧ガス保安法の目的は、高圧ガス保安法に、次のように定義されています。

（目的）

第一条　この法律は、**高圧ガスによる災害を防止**するため、**高圧ガスの
製造、貯蔵、販売、移動その他の取扱及び消費**並びに容器の製造及び
取扱を**規制**するとともに、民間事業者及び高圧ガス保安協会による高
圧ガスの保安に関する**自主的な活動**を促進し、もつて公共の安全を確
保することを目的とする。

高圧ガスとは、常温において一定以上の圧力を有
する圧縮ガス、液化ガスであると、高圧ガス保安
法第2条に定義されています。

(2) 高圧ガス製造の許可、届出

　一般のビルにおける高圧ガスを製造する設備とは、冷凍のためにガスを圧

縮、液化して高圧ガスを製造する設備、すなわち圧縮式の冷凍機が該当します。圧縮式の冷凍機などで、1 日の冷凍能力が一定以上のものは、**都道府県知事の許可**、または、**届出**が必要です。高圧ガス保安法に、次のように定められています。

（製造の許可等）

第五条　次の各号の一に該当する者は、事業所ごとに、**都道府県知事の許可**を受けなければならない。

　二　**冷凍のためガスを圧縮し、又は液化して高圧ガスの製造をする設備**でその**一日の冷凍能力が二十トン**（当該ガスが政令で定めるガスの種類に該当するものである場合にあつては、当該政令で定めるガスの種類ごとに二十トンを超える政令で定める値）以上のもの（第五十六条の七第二項の認定を受けた設備を除く。）を使用して高圧ガスの製造をしようとする者

2　次の各号の一に該当する者は、事業所ごとに、当該各号に定める日の二十日前までに、製造をする高圧ガスの種類、製造のための施設の位置、構造及び設備並びに製造の方法を記載した書面を添えて、その旨を**都道府県知事に届け出**なければならない。

　二　**冷凍のためガスを圧縮し、又は液化して高圧ガスの製造をする設備**でその**一日の冷凍能力が三トン**（当該ガスが前項第二号の政令で定めるガスの種類に該当するものである場合にあつては、当該政令で定めるガスの種類ごとに三トンを超える政令で定める値）**以上の**ものを使用して高圧ガスの製造をする者（同号に掲げる者を除く。）製造開始の日

3　第一項第二号及び前項第二号の冷凍能力は、経済産業省令で定める基準に従つて算定するものとする。

また、前記の規定に従い、都道府県知事の**許可**を受けた者を**第一種製造者**、都道府県知事への**届出**をした者を**第二種製造者**と、高圧ガス保安法に定めら

れています。

冷凍機のうち、圧縮式ではない吸収式冷凍機は、特殊なものを除き、前記の高圧ガス保安法の規定の適用を受けません。

（3）危害予防規程と保安教育

①危害予防規程

　第1種製造者は、高圧ガス製造設備の危害を防止するためのルールである危害防止規程を定めて、都道府県知事に届け出なければなりません。

（危害予防規程）

第二十六条　第一種製造者は、経済産業省令で定める事項について記載した**危害予防規程**を定め、経済産業省令で定めるところにより、**都道府県知事に届け出**なければならない。これを変更したときも、同様とする。

---

②保安教育

　第1種製造者は、従業員に対する保安教育計画を定め、保安教育を実施しなければなりません。

（保安教育）

第二十七条　第一種製造者は、その従業者に対する**保安教育計画**を定めなければならない。

危害予防規程は届出を要しますが、保安教育計画は届出を要しません。

（4）冷凍保安責任者

　冷凍のための高圧ガス製造設備の**第一種製造者、第二種製造者**は、製造保安責任者免状の交付を受け、**経験**を有する者を、**冷凍保安責任者**として**選任**し、**都道府県知事に届け出**なければなりません。

（冷凍保安責任者）

第二十七条の四　次に掲げる者は、事業所ごとに、経済産業省令で定めるところにより、**製造保安責任者免状**の交付を受けている者であつて、経済産業省令で定める高圧ガスの製造に関する**経験を有する者**のうちから、**冷凍保安責任者を選任**し、第三十二条第六項に規定する職務を行わせなければならない。

　一　**第一種製造者**であつて、第五条第一項第二号に規定する者（製造のための施設が経済産業省令で定める施設である者その他経済産業省令で定める者を除く。）

　二　**第二種製造者**であつて、第五条第二項第二号に規定する者（一日の冷凍能力が経済産業省令で定める値以下の者及び製造のための施設が経済産業省令で定める施設である者その他経済産業省令で定める者を除く。）

　2　第二十七条の二第五項の規定は、冷凍保安責任者の選任又は解任について準用する。

（保安統括者、保安技術管理者及び保安係員）

第二十七条の二

　5　第一項第一号又は第二号に掲げる者は、同項の規定により保安

統括者を**選任**したときは、遅滞なく、経済産業省令で定めるところにより、その旨を**都道府県知事に届け出**なければならない。これを**解任**したときも、同様とする。

冷凍機械の製造保安責任者免状である冷凍機械責任者免状は、選任できる1日の冷凍能力により、第一種、第二種、第三種に区分されています。

(5) 保安検査

　原則として、第一種製造者は都道府県知事が行う保安検査を受けなければなりません。保安検査に関する事項は、高圧ガス保安法に、次のように定められています。

（保安検査）

第三十五条　**第一種製造者**は、高圧ガスの爆発その他災害が発生するおそれがある製造のための施設（経済産業省令で定めるものに限る。以下「特定施設」という。）について、経済産業省令で定めるところにより、定期に、**都道府県知事が行う保安検査**を受けなければならない。ただし、次に掲げる場合はこの限りでない。

（6）定期自主検査

　第一種製造者や１日に製造する高圧ガスが一定以上の**第二種製造者**など
は、**定期自主検査**を実施し、検査記録を作成、保存しなければなりません。

（定期自主検査）

第三十五条の二　**第一種製造者**、第五十六条の七第二項の**認定**を受けた
　設備を使用する**第二種製造者**若しくは**第二種製造者**であつて**一日に製
　造する高圧ガスの容積**が経済産業省令で定めるガスの種類ごとに経済
　産業省令で**定める量**（第五条第二項第二号に規定する者にあつては、
　一日の冷凍能力が経済産業省令で定める値）**以上**である者又は特定高
　圧ガス消費者は、製造又は消費のための施設であつて経済産業省令で
　定めるものについて、経済産業省令で定めるところにより、**定期**に、
　保安のための**自主検査**を行い、その**検査記録**を**作成**し、これを**保存**し
　なければならない。

> 保安検査、定期自主検査ともに、１年に１回以
> 上行うことと、一般高圧ガス保安規則に定められ
> ています。

（7）危険時の措置・届出と火気等の制限

　危険時の措置・届出と火気等の制限について、高圧ガス保安法に次のよう
に定められています。

①危険時の措置及び届出

（危険時の措置及び届出）

第三十六条　高圧ガスの製造のための施設、貯蔵所、販売のための施設、

特定高圧ガスの消費のための施設又は高圧ガスを充てんした容器が危険な状態となつたときは、高圧ガスの製造のための施設、貯蔵所、販売のための施設、特定高圧ガスの消費のための施設又は高圧ガスを充てんした容器の**所有者又は占有者**は、**直ちに**、経済産業省令で定める**災害の発生の防止のための応急の措置**を講じなければならない。

2　前項の事態を**発見した者**は、**直ちに**、その旨を**都道府県知事又は警察官、消防吏員**若しくは**消防団員**若しくは**海上保安官**に届け出なければならない。

②火気等の制限

（火気等の制限）

第三十七条　**何人も**、第五条第一項若しくは第二項の事業所、第一種貯蔵所若しくは第二種貯蔵所、第二十条の四の販売所（同条第二号の販売所を除く。）若しくは第二十四条の二第一項の事業所又は液化石油ガス法第三条第二項第二号の販売所においては、第一種製造者、第二種製造者、第一種貯蔵所若しくは第二種貯蔵所の所有者若しくは占有者、販売業者若しくは特定高圧ガス消費者又は液化石油ガス法第六条の液化石油ガス販売事業者が指定する場所で**火気を取り扱つてはならない**。

2　**何人も**、第一種製造者、第二種製造者、第一種貯蔵所若しくは第二種貯蔵所の所有者若しくは占有者、販売業者若しくは特定高圧ガス消費者又は液化石油ガス法第六条の液化石油ガス販売事業者の承諾を得ないで、**発火しやすい物を携帯**して、前項に規定する場所に**立ち入つてはならない**。

6　ボイラー及び圧力容器安全規則

（1）ボイラー及び圧力容器安全規則

　ボイラー及び圧力容器安全規則については、同規則の序文に、次のように記されています。

> **労働安全衛生法**（昭和四十七年法律第五十七号）及び労働安全衛生法施行令（昭和四十七年政令第三百十八号）の規定に基づき、並びに同法を実施するため、ボイラー及び圧力容器安全規則を次のように定める。

> ボイラー及び圧力容器安全規則は、労働災害防止を目的とした、労働安全衛生法に基づき制定されています。

（2）ボイラー取扱い業務の就業制限

　小型ボイラーを除くボイラーについては、**ボイラー技士**でなければ、取扱いの業務につかせてはなりません。ただし、一定規模以下のボイラー（一般に**小規模ボイラー**と呼ばれる）については、**ボイラー取扱技能講習修了者**をボイラー取扱いの業務に就かせることができます。

　また、**小型ボイラー**の取扱いについては、労働者を就かせるときは事業者による**特別の教育**が必要です。

　ボイラー取扱い業務の就業制限に関する事項は、関係法令に次のように規定されています。

①ボイラー及び圧力容器安全規則

（就業制限）

第二十三条　事業者は、令第二十条第三号の業務については、特級ボイラー技士免許、一級ボイラー技士免許又は二級ボイラー技士免許を受けた者（以下「**ボイラー技士**」という。）でなければ、**当該業務につかせてはならない**。ただし、安衛則第四十二条に規定する場合は、この限りでない。

2　事業者は、前項本文の規定にかかわらず、令第二十条第五号イからニまでに掲げるボイラーの取扱いの業務については、**ボイラー取扱技能講習を修了した者**を当該業務に就かせることができる。

②労働安全衛生法施行令

（就業制限に係る業務）

第二十条　法第六十一条第一項の政令で定める業務は、次のとおりとする。

三　**ボイラー（小型ボイラーを除く。）の取扱いの業務**

五　ボイラー（小型ボイラー及び次に掲げるボイラーを除く。）又は第六条第十七号の第一種圧力容器の整備の業務

イ　胴の内径が七百五十ミリメートル以下で、かつ、その長さが千三百ミリメートル以下の蒸気ボイラー

ロ　伝熱面積が三平方メートル以下の蒸気ボイラー

ハ　伝熱面積が十四平方メートル以下の温水ボイラー

ニ　伝熱面積が三十平方メートル以下の貫流ボイラー（気水分離器を有するものにあつては、当該気水分離器の内径が四百ミリメートル以下で、かつ、その内容積が〇・四立方メートル以下のものに限る。）

③労働安全衛生規則

（特別教育を必要とする業務）

第三十六条　法第五十九条第三項の厚生労働省令で定める危険又は有害
　　な業務は、次のとおりとする。

十四　**小型ボイラー**（令第一条第四号の小型ボイラーをいう。以下同じ。）
　　の取扱いの業務

図表 3-5　ボイラー取扱いの就業制限のまとめ

ボイラーの区分		就業制限
小型ボイラー		特別の教育
ボイラー	小規模ボイラー	技能講習修了者
	その他	免許（ボイラー技士）

特別の教育、技能講習については、第５章２
労働安全衛生法で解説します。

（3）ボイラー取扱作業主任者の選任

　事業者は、伝熱面積（熱を伝える部分の面積）の合計の値による区分に応
じて、各級の**ボイラー技士**の免許を受けた者を、**ボイラー取扱作業主任者**と
して選任しなければなりません。また、**小規模ボイラー**については、**ボイラー
取扱技能講習修了者**を、ボイラー取扱作業主任者に選任することができます。
ボイラー取扱作業主任者の選任については、ボイラー及び圧力容器安全規則
に次のように規定されています。

（ボイラー取扱作業主任者の選任）

第二十四条　事業者は、令第六条第四号の作業については、次の各号に
　　掲げる作業の区分に応じ、当該各号に掲げる者のうちから、**ボイラー
　　取扱作業主任者**を**選任**しなければならない。

　一　取り扱うボイラーの**伝熱面積**の合計が**五百平方メートル以上**の場
　　　合（貫流ボイラーのみを取り扱う場合を除く。）における当該ボイ
　　　ラーの取扱いの作業　特級ボイラー技士免許を受けた者（以下「**特
　　　級ボイラー技士**」という。）

　二　取り扱うボイラーの**伝熱面積**の合計が**二十五平方メートル以上
　　　五百平方メートル未満**の場合（貫流ボイラーのみを取り扱う場合に
　　　おいて、その伝熱面積の合計が五百平方メートル以上のときを含
　　　む。）における当該ボイラーの取扱いの作業　特級ボイラー技士又
　　　は一級ボイラー技士免許を受けた者（以下「**一級ボイラー技士**」と
　　　いう。）

　三　取り扱うボイラーの伝熱面積の合計が二十五平方メートル未満の
　　　場合における当該ボイラーの取扱いの作業　特級ボイラー技士、一
　　　級ボイラー技士又は二級ボイラー技士免許を受けた者（以下「**二級
　　　ボイラー技士**」という。）

　四　**令第二十条第五号イからニまでに掲げるボイラー**のみを取り扱う
　　　場合における当該ボイラーの取扱いの作業　特級ボイラー技士、一
　　　級ボイラー技士、二級ボイラー技士又は**ボイラー取扱技能講習を修
　　　了した者**

取扱いの業務は、伝熱面積に関係なく、ボイラー
技士ならば就業することが可能です。一方、作業
主任者の選任は、伝熱面積の合計値により選任で
きるボイラー技士の級が規定されています。

（4）ボイラーの検査

　ビル管理に関するボイラーの検査として、定期自主検査と性能検査があげられ、それぞれボイラー及び圧力容器安全規則に次のように規定されています。

①定期自主検査

　事業者は、ボイラーの燃焼装置、自動制御装置、附属装置及び附属品について、1 カ月ごとに定期自主検査を実施し、記録を作成して 3 年間保存しなければなりません。

（定期自主検査）

第三十二条　事業者は、ボイラーについて、その使用を開始した後、**一月以内ごとに一回**、**定期**に、次の表の上欄に掲げる項目ごとにそれぞれ同表の下欄に掲げる事項について**自主検査**を行なわなければならない。ただし、一月をこえる期間使用しないボイラーの当該使用しない期間においては、この限りでない。

項目		点検事項
ボイラー本体		損傷の有無
燃焼装置	油加熱器及び燃料送給装置	損傷の有無
	バーナ	汚れ又は損傷の有無
	ストレーナ	つまり又は損傷の有無
	バーナタイル及び炉壁	汚れ又は損傷の有無
	ストーカ及び火格子	損傷の有無
	煙道	漏れその他の損傷の有無及び通風圧の異常の有無

自動制御装置	起動及び停止の装置、火炎検出装置、燃料しや断装置、水位調節装置並びに圧力調節装置	機能の異常の有無
	電気配線	端子の異常の有無
附属装置及び附属品	給水装置	損傷の有無及び作動の状態
	蒸気管及びこれに附属する弁	損傷の有無及び保温の状態
	空気予熱器	損傷の有無
	水処理装置	機能の異常の有無

2　事業者は、前項ただし書のボイラーについては、その使用を再び開始する際に、同項の表の上欄に掲げる項目ごとにそれぞれ同表の下欄に掲げる事項について自主検査を行なわなければならない。

3　事業者は、前二項の**自主検査**を行なつたときは、その**結果**を**記録**し、これを**三年間保存**しなければならない。

②ボイラー検査証と性能検査

　ボイラーは、特に危険な作業を必要とする機械等として、労働安全衛生法により特定機械に定められています。そして、検査証を受けていない特定機械は使用してはならないと、労働安全衛生法に規定されています。

　また、ボイラー検査証の有効期間は1年で、検査証を更新するには厚生労働大臣の登録を受けた者が行う性能検査を受検しなければなりません。

労働安全衛生法
（使用等の制限）
第四十条　前条第一項又は第二項の検査証（以下「**検査証**」という。）
　を**受けていない特定機械**等（第三十八条第三項の規定により部分の変

更又は再使用に係る検査を受けなければならない特定機械等で、前条
第三項の裏書を受けていないものを含む。）は、**使用してはならない。**

2　検査証を受けた特定機械等は、検査証とともにするのでなければ、
譲渡し、又は貸与してはならない。

（検査証の有効期間等）

第四十一条　検査証の有効期間（次項の規定により検査証の有効期間が
更新されたときにあつては、当該更新された検査証の有効期間）は、
特定機械等の種類に応じて、厚生労働省令で定める期間とする。

2　検査証の有効期間の更新を受けようとする者は、厚生労働省令で定
めるところにより、当該特定機械等及びこれに係る厚生労働省令で定
める事項について、**厚生労働大臣の登録を受けた者**（以下「登録性能
検査機関」という。）が行う**性能検査を受けなければならない。**

ボイラー及び圧力容器安全規則

（ボイラー検査証の有効期間）

第三十七条　ボイラー検査証の有効期間は、**一年**とする。

（性能検査等）

第三十八条　ボイラー検査証の有効期間の**更新**を受けようとする者は、
当該検査証に係るボイラー及び第十四条第一項各号に掲げる事項につ
いて、法第四十一条第二項の性能検査（以下「**性能検査**」という。）
を受けなければならない。

図表 3-6　ボイラー検査証（ボイラー及び圧力容器安全規則様式第 6 号）

様式第 6 号（第 5 条、第 11 条、第 12 条、第 15 条、第 60 条関係）（表面）

第　　号	（　　）検　査　証			
事 業 場 の 所 在 地				
事 業 場 の 名 称				
種　　　　　類				
最 高 使 用 圧 力	MPa			
伝熱面積又は内容積	$m^2 \cdot m^3$			
構造検査又は使用検査の刻印番号				
有　効　期　間	検査者氏名	有　効　期　間	検査者氏名	
自　　年　月　日 至　　年　月　日		自　年　月　日 至　年　月　日		
自　　年　月　日 至　　年　月　日		自　年　月　日 至　年　月　日		
自　　年　月　日 至　　年　月　日		自　年　月　日 至　年　月　日		
自　　年　月　日 至　　年　月　日		自　年　月　日 至　年　月　日		
自　　年　月　日 至　　年　月　日		自　年　月　日 至　年　月　日		
年　　月　　日 交 付 者 名				

様式第 6 号（第 5 条、第 11 条、第 12 条、第 15 条、第 60 条関係）（裏面）

日　　付	記　　事　　欄	検査者氏名
月　　日 年		
月　　日 年		
月　　日 年		
月　　日 年		
月　　日 年		
月　　日 年		
月　　日 年		
月　　日 年		
月　　日 年		
月　　日 年		
月　　日 年		

(5) 第一種圧力容器

　貯湯タンクなど内部に圧力を有する状態で使用する密閉容器のうち、一定規模以上のものを**第一種圧力容器**といい、労働安全衛生法施行令第 1 条第 5 項に定義されています。

　第一種圧力容器についても、ボイラーと同様に、ボイラー及び圧力容器安全規則により、**作業主任者の選任、定期自主検査の実施、検査証・性能検査の受検**などの事項が義務づけられています。

7　ゴンドラ安全規則

(1) ゴンドラとは

　ゴンドラとは、ゴンドラ安全規則と労働安全衛生法施行令に定義されています。

　ゴンドラ安全規則第 1 条に、次のとおり労働安全衛生法施行令に定義されるゴンドラと定義されています。

（定義）

第一条　この省令において、次の各号に掲げる用語の意義は、それぞれ当該各号に定めるところによる。

　一　ゴンドラ　**労働安全衛生法施行令**（昭和四十七年政令第三百十八号。以下「令」という。）第一条第十一号のゴンドラをいう。

労働安全衛生法施行令第 1 条に、次のように定義されています。

（定義）

第一条　この政令において、次の各号に掲げる用語の意義は、当該各号に定めるところによる。

　十一　ゴンドラ　つり足場及び昇降装置その他の装置並びにこれらに

附属する物により構成され、当該**つり足場の作業床**が専用の昇降装置により**上昇し、又は下降する設備**をいう。

ゴンドラとは、つり足場（ロープなどで吊り下げられている足場）の作業床が昇降する設備で、ビル外面の窓ガラス清掃などに使用されています。

（2）安全衛生のための特別の教育

　ゴンドラを操作する場合には、安全衛生のための特別の教育が必要です。ゴンドラ安全規則第 12 条に次のように規定されています。

（特別の教育）

第十二条　事業者は、**ゴンドラの操作**の業務に労働者をつかせるときは、当該労働者に対し、当該業務に関する**安全のための特別の教育**を行なわなければならない。

2　前項の特別の教育は、次の**科目**について行なわなければならない。

一　ゴンドラに関する知識

二　ゴンドラの操作のために必要な電気に関する知識

三　関係法令

四　ゴンドラの操作及び点検

五　ゴンドラの操作のための合図

3　労働安全衛生規則（昭和四十七年労働省令第三十二号。第十七条第一項において「安衛則」という。）第三十七条及び第三十八条並びに前二項に定めるもののほか、第一項の特別の教育に関し**必要な事項**は、**厚生労働大臣**が定める。

厚生労働大臣が定める事項は、「ゴンドラ取扱い業務特別教育規程」として学科教育、実技教育の科目、範囲、時間が定められています。

（3）ゴンドラの検査

ゴンドラの検査として、定期自主検査と性能検査があげられ、それぞれゴンドラ安全規則に次のように規定されています。

①定期自主検査

ゴンドラの定期検査についてゴンドラ安全規則第21条に次のように規定されています。

（定期自主検査）

第二十一条　事業者は、ゴンドラについて、**一月以内ごとに一回**、定期に、次の事項について**自主検査**を行なわなければならない。ただし、一月をこえる期間使用しないゴンドラの当該使用しない期間においては、この限りでない。

一　巻過防止装置その他の安全装置、ブレーキ及び制御装置の異常の有無

二　突りよう、アーム及び作業床の損傷の有無

三　昇降装置、配線及び配電盤の異常の有無

2　事業者は、前項ただし書のゴンドラについては、その使用を再び開始する際に、同項各号に掲げる事項について自主検査を行なわなければならない。

3　事業者は、前二項の**自主検査**を行なつたときは、その**結果を記録**し、これを**三年間保存**しなければならない。

ゴンドラのブレーキなどの安全装置の自主点検を
1カ月以内ごとに1回行い、結果を記録し3年
間保存する必要があります。

②性能検査

　ゴンドラは、特に危険な作業を必要とする機械等として、労働安全衛生法により特定機械に定められています。そして、検査証を受けていない特定機械は使用してはならないと、労働安全衛生法に規定されています。

　また、ゴンドラ検査証の有効期間は1年で、検査証を更新するには厚生労働大臣の登録を受けた者が行う性能検査を受検しなければなりません。

労働安全衛生法

（使用等の制限）

第四十条　前条第一項又は第二項の検査証（以下「**検査証**」という。）
　を**受けていない特定機械**等（第三十八条第三項の規定により部分の
　変更又は再使用に係る検査を受けなければならない特定機械等で、
　前条第三項の裏書を受けていないものを含む。）は、**使用してはなら
　ない**。

2　検査証を受けた特定機械等は、検査証とともにするのでなければ、
　譲渡し、又は貸与してはならない。

（検査証の有効期間等）

第四十一条　検査証の有効期間（次項の規定により検査証の有効期間が
　更新されたときにあつては、当該更新された検査証の有効期間）は、
　特定機械等の種類に応じて、厚生労働省令で定める期間とする。

2　検査証の有効期間の**更新**を受けようとする者は、厚生労働省令で定
　めるところにより、当該特定機械等及びこれに係る厚生労働省令で定

　める事項について、**厚生労働大臣の登録を受けた者**（以下「登録性能検査機関」という。）が行う**性能検査を受けなければならない。**

　ゴンドラの性能検査についてゴンドラ安全規則に次のように規定されています。

（検査証の有効期間）

第九条　検査証の有効期間は、**一年**とする。

（性能検査の申請等）

第二十五条　ゴンドラに係る**性能検査**（法第五十三条の三において準用する法第五十三条の二第一項の規定により労働基準監督署長が行うものに限る。）を受けようとする者は、ゴンドラ性能検査**申請書**（様式第十一号）を所轄労働基準監督署長に**提出**しなければならない。

ゴンドラについても、ボイラーと同様に有効期間の1年以内ごとに性能検査を受検して、検査証を更新する必要があります。

第3章のポイント

□　建築基準法により、安全上、防火上または衛生上特に重要な政令で定める建築物の所有者は、建築物の敷地、構造及び建築設備について、定期に建築物調査員に状況の調査をさせて、結果を特定行政庁に報告しなければならない。

□　建築基準法により、安全上、防火上または衛生上特に重要な昇降機及び建築設備等で、政令で定めるものや特定行政庁が指定するものの所有者は、昇降機及び建築設備等について、定期に、建築設備等検査員に検査をさせて、結果を特定行政庁に報告しなければならない。

□　建築基準法の報告、検査には、特定建築物定期調査、防火設備定期検査、建築設備定期検査、昇降機等定期検査がある。

□　事業用電気工作物の設置者には、電気事業法により、技術基準の適合維持、保安規程の作成・届出・順守、電気主任技術者の選任・届出が義務付けられている。

□　電気事業法により、主務大臣は、事業用電気工作物が技術基準に適合していないと認めるときは、設置者に対し、技術基準に適合させるよう命令することができる。

□　消防法により、一定の要件のビルは、防火管理講習を修了した者を防火管理者として定め、届け出なければならない。

□　消防法により、防火管理者は、消防計画の作成、避難訓練の実施、消防設備点検などの防火管理業務を実施しなければならない。

□　消防法により、火災予防上必要があると定められた防火対象物については、防火管理上の必要な業務が、基準に適合しているか点検し、結果を報告しなければならない。

□　消防法により、防火対象物の関係者は、消防用設備等について、消防設備士免状の交付を受けている者等に点検させ、結果を報告しなければならない。

□　消防法により、危険物取扱者以外の者は、危険物取扱者が立ち会わなければ、危険物を取り扱ってはならない。

□　高圧ガス保安法により、圧縮式の冷凍機などで、1日の冷凍能力が一定以上のものの製造者は、製造保安責任者免状の交付を受け、経験を有する者を、冷凍保安責任者として選任し、都道府県知事に届け出なければならない。

□　ボイラー及び圧力容器安全規則により、事業者は、小型ボイラーを除くボイラーについては、ボイラー技士でなければ、取扱いの業務につかせてはならない。

□　ボイラー及び圧力容器安全規則により、事業者は、ボイラー技士の免許を受けた者を、ボイラー取扱作業主任者として選任しなければならない。

□　ボイラー及び圧力容器安全規則により、事業者は、ボイラーについて、定期自主検査を実施し、性能検査を受検しなければならない。

□　ゴンドラ安全規則により、事業者は労働者に対し特別の教育を行い、ゴンドラについて、定期自主検査を実施し、性能検査を受検しなければならない。

第4章
工事に関する法律

ビルの工事に関する主な法律は、次のとおりです。
- 建設業法
- 建築士法
- 電気工事業の業務の適正化に関する法律
- 電気工事士法

1　建設業法

（1）建設業法の目的

建設業法の目的は、同法に次のように定められています。

（目的）

第一条　この法律は、**建設業を営む者の資質の向上**、建設工事の**請負契約の適正化**等を図ることによつて、建設工事の適正な施工を確保し、**発注者を保護**するとともに、建設業の健全な発達を促進し、もつて公共の福祉の増進に寄与することを目的とする。

（2）建設業の許可

軽微な建設工事を除き、建設業を営もうとする者は、国土交通大臣または都道府県知事の**許可**が必要で、建設業法に次のように定められています。

（建設業の許可）

第三条　**建設業を営もうとする者**は、次に掲げる区分により、この章で定めるところにより、二以上の都道府県の区域内に営業所（本店又は支店若しくは政令で定めるこれに準ずるものをいう。以下同じ。）を設けて営業をしようとする場合にあつては**国土交通大臣**の、一の都道府県の区域内にのみ営業所を設けて営業をしようとする場合にあつては当該営業所の所在地を管轄する**都道府県知事**の**許可**を受けなければならない。ただし、政令で定める軽微な建設工事のみを請け負うことを営業とする者は、この限りでない。

（3）技術者の設置

　建設業者は、施工技術を確保するために、建設工事を施工するときは、技術上の管理をつかさどる**主任技術者**または**監理技術者**を置かなければなりません。建設業法に、次のように定められています。

（主任技術者及び監理技術者の設置等）

第二十六条　建設業者は、その請け負つた建設工事を施工するときは、当該建設工事に関し第七条第二号イ、ロ又はハに該当する者で当該工事現場における建設工事の施工の技術上の管理をつかさどるもの（以下「**主任技術者**」という。）を置かなければならない。

2　発注者から直接建設工事を請け負つた**特定建設業者**は、当該建設工事を施工するために締結した下請契約の請負代金の額（当該下請契約が二以上あるときは、それらの請負代金の額の総額）が第三条第一項第二号の政令で定める金額以上になる場合においては、前項の規定にかかわらず、当該建設工事に関し第十五条第二号イ、ロ又はハに該当する者（当該建設工事に係る建設業が指定建設業である場合にあつては、同号イに該当する者又は同号ハの規定により国土交通大臣が同号イに掲げる者と同等以上の能力を有するものと認定した者）で当該工事現場における建設工事の施工の技術上の管理をつかさどるもの（以下「**監理技術者**」という。）を置かなければならない。

特定建設業者が政令で定める工事を施工しようとするときは、監理技術者を置く必要があります。

2　建築士法

(1) 建築士法の目的

建築士法の目的は、同法に次のように定められています。

（目的）

第一条　この法律は、建築物の**設計、工事監理**等を行う**技術者の資格**を
　　　定めて、その業務の適正をはかり、もつて建築物の質の向上に寄与さ
　　　せることを目的とする。

---

(2) 建築士

建築物の設計、工事監理等を行う技術者の資格として、建築士が、建築士
法に次のように定義されています。

（定義）

第二条　この法律で「建築士」とは、**一級建築士、二級建築士及び木造
　　　建築士**をいう。

---

(3) 建築士でなければできない設計または工事監理

建築士でなければできない設計または工事監理が、建築士法に次のように
定められています。

（一級建築士又は二級建築士でなければできない設計又は工事監理）

第三条の二　前条第一項各号に掲げる建築物以外の建築物で、次の各号
　　　に掲げるものを新築する場合においては、**一級建築士又は二級建築士
　　　でなければ、その設計又は工事監理をしてはならない。**

一　前条第一項第三号に掲げる構造の建築物又は建築物の部分で、延べ面積が**三十平方メートル**を超えるもの

二　延べ面積が**百平方メートル**（木造の建築物にあつては、三百平方メートル）を超え、又は階数が**三以上**の建築物

2　前条第二項の規定は、前項の場合に準用する。

3　都道府県は、土地の状況により必要と認める場合においては、第一項の規定にかかわらず、条例で、区域又は建築物の用途を限り、同項各号に規定する延べ面積（木造の建築物に係るものを除く。）を別に定めることができる。

（一級建築士、二級建築士又は木造建築士でなければできない設計又は工事監理）

第三条の三　前条第一項第二号に掲げる建築物以外の**木造**の建築物で、延べ面積が**百平方メートル**を超えるものを新築する場合においては、**一級建築士、二級建築士又は木造建築士でなければ、その設計又は工事監理をしてはならない。**

2　第三条第二項及び前条第三項の規定は、前項の場合に準用する。この場合において、同条第三項中「同項各号に規定する延べ面積（木造の建築物に係るものを除く。）」とあるのは、「次条第一項に規定する延べ面積」と読み替えるものとする。

「工事監理」とは、工事を設計図書と照合し、設計図書のとおりに実施されているか確認することをいいます。

3 電気工事業の業務の適正化に関する法律

（1）電気工事業の業務の適正化に関する法律の目的

　電気工事業の業務の適正化に関する法律の目的は、同法に、次のように定められています。

　なお、本書では令和 5 年 3 月 20 日施行の内容に合わせています。

（目的）

第一条　この法律は、**電気工事業を営む者**の登録等及びその**業務の規制**を行うことにより、その業務の適正な実施を確保し、もつて一般用電気工作物等及び自家用電気工作物の保安の確保に資することを目的とする。

（2）電気工事業を営もうとする者の登録と通知

　電気工事業を営もうとする者は、経済産業大臣または都道府県知事の**登録**を受けなければなりません。また、**自家用電気工作物**に係る電気工事のみに係る電気工事業を営もうとする者は、経済産業大臣または都道府県知事に**通知**をしなければなりません。電気工事業の業務の適正化に関する法律に、次のように定められています。

（登録）

第三条　電気工事業を営もうとする者（第十七条の二第一項に規定する者を除く。第三項において同じ。）は、二以上の都道府県の区域内に営業所（電気工事の作業の管理を行わない営業所を除く。以下同じ。）を設置してその事業を営もうとするときは**経済産業大臣**の、一の都道府県の区域内にのみ営業所を設置してその事業を営もうとするときは当該営業所の所在地を管轄する**都道府県知事の登録**を受けなければな

らない。

（自家用電気工事のみに係る電気工事業の開始の通知等）

第十七条の二　**自家用電気工作物**に係る電気工事（以下「自家用電気工事」という。）のみに係る電気工事業を営もうとする者は、経済産業省令で定めるところにより、その事業を開始しようとする日の十日前までに、二以上の都道府県の区域内に営業所を設置してその事業を営もうとするときは**経済産業大臣**に、一の都道府県の区域内にのみ営業所を設置してその事業を営もうとするときは当該営業所の所在地を管轄する**都道府県知事**にその旨を**通知**しなければならない。

ここでいう**自家用電気工作物**とは、発電所、変電所、最大電力 500 キロワット以上の需要設備を除く、自家用電気工作物をいいます。

4　電気工事士法

（1）電気工事士法の目的

電気工事士法の目的は、同法に次のように定められています。

（目的）

第一条　この法律は、**電気工事の作業に従事する者の資格及び義務**を定め、もつて電気工事の欠陥による災害の発生の防止に寄与することを目的とする。

---

(2) 電気工事士等

電気工事士法に、電気工事士でなければ電気工事の作業に従事してはならないと、次のように定められています。

なお、本書では令和5年3月20日施行の内容に合わせています。

（電気工事士等）

第三条　**第一種電気工事士免状**の交付を受けている者（以下「第一種電気工事士」という。）でなければ、**自家用電気工作物に係る電気工事**（第三項に規定する電気工事を除く。第四項において同じ。）の作業（自家用電気工作物の保安上支障がないと認められる作業であつて、経済産業省令で定めるものを除く。）に従事してはならない。

2　**第一種電気工事士又は第二種電気工事士免状**の交付を受けている者（以下「第二種電気工事士」という。）でなければ、**一般用電気工作物等に係る電気工事**の作業（一般用電気工作物等の保安上支障がないと認められる作業であつて、経済産業省令で定めるものを除く。）に従事してはならない。

3　自家用電気工作物に係る電気工事のうち経済産業省令で定める特殊なもの（以下「**特殊電気工事**」という。）については、当該特殊電気工事に係る**特種電気工事資格者認定証**の交付を受けている者（以下「特種電気工事資格者」という。）でなければ、その作業（自家用電気工作物の保安上支障がないと認められる作業であつて、経済産業省令で定めるものを除く。）に従事してはならない。

4　自家用電気工作物に係る電気工事のうち経済産業省令で定める簡易なもの（以下「**簡易電気工事**」という。）については、第一項の規定にかかわらず、**認定電気工事従事者認定証**の交付を受けている者（以下「認定電気工事従事者」という。）は、その作業に従事することができる。

特殊な電気工事を「特殊」電気工事といい、特殊電気工事に係る資格者を「特種」電気工事資格者といいます。

図表 4-1　免状の種類によって従事できる電気工事の範囲

電気工作物

事業用電気工作物
一般用電気工作物以外の電気工作物
例）電力会社の発電所、変電所、送配電設備

自家用電気工作物
事業用電気工作物のうち、電気事業の用に供する電気工作物以外のもの
例）工場・ビル等の発電所、変電所、送配電設備、600Vを超えて受電する需要設備

最大電力500kW以上の需要設備、需要設備以外の発電所、変電所

（特殊電気工事）
最大電力500kW未満の需要設備
例）ネオン工事、非常用予備発電装置工事等、特殊なもの

最大電力500kW未満の需要設備
例）中小ビルの需要設備　等
※概ね6,600Vで受電

（簡易電気工事）
600V以下で使用
（電線路を除く）

一般用電気工作物
600V以下で受電、又は一定の出力以下の小出力発電設備で受電線路以外の線路で接続されていない等、安全性の高い電気工作物
例）一般家庭、商店、小規模の事務所等の屋内配線、一般家庭用太陽電池発電設備

従事範囲｛ ┌┈┐第一種電気工事士　 ┌──┐第二種電気工事士
　　　　　 └──┘認定電気工事従事者　└┈┈┘特種電気工事資格者

注）電気工事士が従事する電気工事の範囲外は、電気主任技術者の監督の下で工事が実施される。

出典：経済産業省ウェブサイト「電気工事士等の従事範囲」(https://www.meti.go.jp/policy/safety_security/industrial_safety/sangyo/electric/files/1-1kouzisi-hani.pdf) をもとに筆者作成。

第4章のポイント

- ☐ ビルの工事に関する主な法律には、建設業法、建築士法、電気工事業の業務の適正化に関する法律、電気工事士法などがある。

- ☐ 建設業法は、建設業者の資質の向上、請負契約の適正化等を図り、建設工事の適正な施工の確保、発注者の保護、建設業の健全な発達の促進により、公共の福祉の増進に寄与することを目的としている。

- ☐ 建設業法により、軽微な建設工事の除き、建設業を営もうとする者は、国土交通大臣または都道府県知事の許可が必要である。

- ☐ 建設業法により、建設業者は、建設工事をするときは、施工技術を確保するために、技術上の管理をつかさどる主任技術者または監理技術者を置かなければならない。

- ☐ 建築士法は、建築物の設計、工事監理等を行う技術者の資格を定め、業務の適正をはかり、建築物の質の向上に寄与させることを目的としている。

- ☐ 建築士法により、一級建築士、二級建築士、木造建築士が定められている。

- ☐ 建築士法に、「一級建築士又は二級建築士でなければできない設計又は工事監理」と「一級建築士、二級建築士又は木造建築士でなければできない設計又は工事監理」が定められている。

- ☐ 「工事監理」とは、工事を設計図書と照合し、設計図書のとおりに実施されているか確認することをいう。

- ☐ 電気工事業の業務の適正化に関する法律は、電気工事業者の登録等の業務の規制を行うことにより、業務の適正な実施を確保し、一般用及び自家用電気工作物の保安の確保に資することを目的としている。

- ☐ 電気工事業の業務の適正化に関する法律により、電気工事業を営もうとする者は、経済産業大臣または都道府県知事の登録を受けなければならない。

- ☐ 電気工事業の業務の適正化に関する法律により、自家用電気工作物のみに係る電気工事業を営もうとする者は、経済産業大臣または都道府県知事に通知をしなければならない。

- ☐ 電気工事士法は、電気工事の作業者の資格、義務を定め、電気工事の欠陥による災害防止を目的としている。

- ☐ 電気工事士法により、電気工事士等は、第一種電気工事士、第二種電気工事士、特種電気工事資格者、認定電気工事従事者が定められている。

- ☐ 電気工事士法により、自家用電気工作物に係る電気工事は、第一種電気工事士でなければ従事してはならないと定められている。

- ☐ 電気工事士法により、一般用電気工作物に係る電気工事は、第一種電気工事士または第二種電気工事士でなければ従事してはならないと定められている。

第5章

その他の
関係法令

その他、関係する法律は以下のとおりです。
- 労働基準法
- 労働安全衛生法
- エネルギーの使用の合理化及び非化石エネルギーへの転換等に関する法律
- 騒音規制法
- 振動規制法
- 航空法
- 警備業法
- フロン類の使用の合理化及び管理の適正化に関する法律
- 建築物のエネルギー消費性能の向上に関する法律
- 個人情報の保護に関する法律
- 不正アクセス行為の禁止等に関する法律
- 酸素欠乏症等防止規則
- 石綿障害予防規則
- 電波法
- 電気通信事業法

1 労働基準法

　労働基準法は、労働条件に関する最低基準を定める法律です。労働基準法において、**18 歳未満の者に対する危険有害業務の就業制限**が、次のように定められています。

（危険有害業務の就業制限）

第六十二条　使用者は、**満十八才に満たない者**に、運転中の機械若しくは動力伝導装置の危険な部分の掃除、注油、検査若しくは修繕をさせ、運転中の機械若しくは動力伝導装置にベルト若しくはロープの取付け若しくは取りはずしをさせ、動力によるクレーンの運転をさせ、その他厚生労働省令で定める**危険な業務**に就かせ、又は厚生労働省令で定める**重量物を取り扱う業務**に就かせてはならない。

②　使用者は、満十八才に満たない者を、**毒劇薬、毒劇物**その他有害な原料若しくは材料又は**爆発性、発火性若しくは引火性**の原料若しくは材料を取り扱う業務、著しく**じんあい若しくは粉末を飛散**し、若しくは**有害ガス**若しくは**有害放射線**を発散する場所又は**高温**若しくは**高圧**の場所における業務その他安全、衛生又は福祉に**有害な場所における業務**に就かせてはならない。

③　前項に規定する業務の範囲は、厚生労働省令で定める。

年少者労働基準規則第 8 条に、18 歳未満に就かせてはならない業務として、ボイラーの取扱いや危険物の取扱いの業務が定められています。

2　労働安全衛生法

(1) 労働安全衛生法の目的

労働安全衛生法の目的は、同法に次のように定められています。

（目的）

第一条　この法律は、労働基準法（昭和二十二年法律第四十九号）と相まつて、**労働災害の防止**のための**危害防止基準の確立、責任体制の明確化**及び**自主的活動の促進**の措置を講ずる等その防止に関する総合的計画的な対策を推進することにより職場における労働者の安全と健康を確保するとともに、快適な職場環境の形成を促進することを目的とする。

(2) 安全衛生教育

労働安全衛生法により、事業者は労働者を雇ったときや作業内容を変更したときには、**安全衛生教育**を行わなければなりません。また、危険または有害な業務に労働者を就かせるときには、**安全衛生特別教育**を行わなければなりません。

（安全衛生教育）

第五十九条　事業者は、労働者を**雇い入れたとき**は、当該労働者に対し、厚生労働省令で定めるところにより、その従事する業務に関する**安全又は衛生のための教育**を行なわなければならない。

2　前項の規定は、労働者の作業内容を**変更**したときについて準用する。

3　事業者は、**危険又は有害な業務**で、厚生労働省令で定めるものに労働者をつかせるときは、厚生労働省令で定めるところにより、当該業務に

関する**安全又は衛生のための特別の教育**を行なわなければならない。

（3）安全衛生特別教育が必要な主な業務

　安全衛生特別教育が必要な業務は、労働安全衛生規則に、特別教育を必要とする業務として定められています。特にビル管理に関係する主な業務は、次のとおりです。

① **高圧・特別高圧電気**及び**低圧電気**の取扱い

② 高さ 10m 未満の**高所作業車**の運転

③ **小型ボイラー**の取扱い

④ **ゴンドラ**の操作

⑤ 高さ 2m 以上の**ロープ高所作業**

⑥ 高さ 2m 以上の**フルハーネス型墜落制止用器具**を用いた作業

図表 5-1　フルハーネス型墜落制止用器具

出典：厚生労働省ウェブサイト「安全帯が『墜落制止用器具』に変わります！」
　　　（https://www.mhlw.go.jp/content/11302000/000473567.pdf）

（特別教育を必要とする業務）

第三十六条　法第五十九条第三項の厚生労働省令で定める危険又は有害な業務は、次のとおりとする。

（以下抜粋）

四　**高圧**（直流にあつては七百五十ボルトを、交流にあつては六百ボルトを超え、七千ボルト以下である電圧をいう。以下同じ。）若しくは**特別高圧**（七千ボルトを超える電圧をいう。以下同じ。）の**充電電路**若しくは当該充電電路の**支持物**の**敷設、点検、修理若しくは操作の業務**、**低圧**（直流にあつては七百五十ボルト以下、交流にあつては六百ボルト以下である電圧をいう。以下同じ。）の**充電電路**（対地電圧が五十ボルト以下であるもの及び電信用のもの、電話用のもの等で感電による危害を生ずるおそれのないものを除く。）の**敷設**若しくは**修理**の業務（次号に掲げる業務を除く。）又は配電盤室、変電室等区画された場所に設置する**低圧の電路**（対地電圧が五十ボルト以下であるもの及び電信用のもの、電話用のもの等で感電による危害の生ずるおそれのないものを除く。）のうち充電部分が露出している**開閉器の操作**の業務

十の五　作業床の**高さ**（令第十条第四号の作業床の高さをいう。）**が十メートル未満の高所作業車**（令第十条第四号の高所作業車をいう。以下同じ。）の運転（道路上を走行させる運転を除く。）の業務

十四　**小型ボイラー**（令第一条第四号の小型ボイラーをいう。以下同じ。）の取扱いの業務

二十　**ゴンドラ**の操作の業務

四十　**高さが二メートル以上**の箇所であつて作業床を設けることが困難なところにおいて、昇降器具（労働者自らの操作により上昇し、又は下降するための器具であつて、作業箇所の上方にある支持物にロープを緊結してつり下げ、当該ロープに労働者の身体を保持するための器具（第五百三十九条の二及び第五百三十九条の三において「身体保持

器具」という。）を取り付けたものをいう。）を用いて、労働者が当該
昇降器具により身体を保持しつつ行う作業（四十度未満の斜面におけ
る作業を除く。以下「**ロープ高所作業**」という。）に係る業務

四十一　**高さが二メートル以上**の箇所であつて作業床を設けることが困
難なところにおいて、**墜落制止用器具**（令第十三条第三項第二十八号
の墜落制止用器具をいう。第百三十条の五第一項において同じ。）の
うち**フルハーネス**型のものを用いて行う作業に係る業務（前号に掲げ
る業務を除く。）

（4）安全衛生特別教育の省略・記録の保存・細目

　安全衛生特別教育の省略・記録の保存・細目について、労働安全衛生規則
に、次のように定められています。

（特別教育の科目の省略）

第三十七条　事業者は、法第五十九条第三項の特別の教育（以下「特別
教育」という。）の**科目の全部又は一部**について**十分な知識及び技能
を有していると認められる労働者**については、当該科目についての特
別教育を**省略**することができる。

（特別教育の記録の保存）

第三十八条　事業者は、特別教育を行なつたときは、当該特別教育の受
講者、科目等の**記録を作成**して、これを**三年間保存**しておかなければ
ならない。

（特別教育の細目）

第三十九条　前二条及び第五百九十二条の七に定めるもののほか、第
三十六条第一号から第十三号まで、第二十七号、第三十号から第
三十六号まで及び第三十九号から第四十一号までに掲げる業務に係る
特別教育の実施について必要な事項は、**厚生労働大臣が定める。**

　安全衛生特別教育の細目は、危険有害業務ごとに異なり、それぞれの業務に対して、学科教育・実技教育などの内容と教育する時間数が定められています。例えば、低圧電気の取扱いの業務の細目は、安全衛生特別教育規程に、次のように定められています。

第六条　安衛則第三十六条第四号に掲げる業務のうち、**低圧の充電電路の敷設若しくは修理の業務**又は配電盤室、変電室等区画された場所に設置する低圧の電路のうち充電部分が露出している**開閉器の操作の業務**に係る特別教育は、**学科教育及び実技教育**により行なうものとする。

2　前項の**学科教育**は、次の表の上欄に掲げる科目に応じ、それぞれ、同表の中欄に掲げる範囲について**同表の下欄に掲げる時間以上**行なうものとする。

科　目	範　囲	時　間
低圧の電気に関する基礎知識	低圧の電気の危険性　短絡　漏電　接地　電気絶縁	一時間
低圧の電気設備に関する基礎知識	配電設備　変電設備　配線　電気使用設備　保守及び点検	二時間
低圧用の安全作業用具に関する基礎知識	絶縁用保護具　絶縁用防具　活線作業用器具　検電器　その他の安全作業用具　管理	一時間
低圧の活線作業及び活線近接作業の方法	充電電路の防護　作業者の絶縁保護　停電電路に対する措置　作業管理　救急処置　災害防止	二時間
関係法令	法、令及び安衛則中の関係条項	一時間

3　第一項の**実技教育**は、低圧の活線作業及び活線近接作業の方法について、**七時間以上**（開閉器の操作の業務のみを行なう者については、**一時間以上**）行なうものとする。

安全衛生特別教育は、事業者が労働者に対して実施するものです。ブレーカーの操作などの業務には、安全衛生特別教育の実施が必要です。

3　エネルギーの使用の合理化及び非化石エネルギーへの転換等に関する法律

（1）目的

　エネルギーの使用の合理化及び非化石エネルギーへの転換等に関する法律は、省エネ法ともいい、省エネ法の目的が同法に次のように定められています。

　なお、本書では本項を令和5年4月1日施行の内容に合わせています。

（目的）

第一条　この法律は、我が国で使用されるエネルギーの相当部分を化石燃料が占めていること、非化石エネルギーの利用の必要性が増大していることその他の内外におけるエネルギーをめぐる経済的社会的環境に応じたエネルギーの有効な利用の確保に資するため、工場等、輸送、建築物及び機械器具等についての**エネルギーの使用の合理化及び非化石エネルギーへの転換**に関する所要の措置、**電気の需要の最適化**に関する所要の措置その他エネルギーの使用の合理化及び非化石エネルギーへの転換等を総合的に進めるために必要な措置等を講ずることとし、もつて国民経済の健全な発展に寄与することを目的とする。

　省エネ法により、前記したとおり、**エネルギー管理士**などの選任・届出、**エネルギー使用量の報告**、**中長期計画**の作成・届出が義務づけられています。

(2) 定義

エネルギー等の用語が省エネ法に次のように定義されています。

（定義）

第二条　この法律において「**エネルギー**」とは、**化石燃料及び非化石燃料**並びに**熱**（政令で定めるものを除く。以下同じ。）及び**電気**をいう。

2　この法律において「**化石燃料**」とは、原油及び揮発油、重油その他経済産業省令で定める石油製品、可燃性天然ガス並びに石炭及びコークスその他経済産業省令で定める石炭製品であつて、燃焼その他の経済産業省令で定める用途に供するものをいう。

3　この法律において「**非化石燃料**」とは、前項の経済産業省令で定める用途に供する物であつて水素その他の化石燃料以外のものをいう。

4　この法律において「**非化石エネルギー**」とは、非化石燃料並びに化石燃料を熱源とする熱に代えて使用される熱（第五条第二項第二号ロ及びハにおいて「**非化石熱**」という。）及び化石燃料を熱源とする熱を変換して得られる動力を変換して得られる電気に代えて使用される電気（同号ニにおいて「**非化石電気**」という。）をいう。

5　この法律において「**非化石エネルギーへの転換**」とは、使用されるエネルギーのうちに占める非化石エネルギーの割合を向上させることをいう。

6　この法律において「**電気の需要の最適化**」とは、季節又は時間帯による電気の需給の状況の変動に応じて電気の需要量の増加又は減少をさせることをいう。

エネルギー、化石燃料、非化石燃料、非化石エネルギーへの転換、電気の需要の最適化などの用語が定義されています。

(3) 基本方針とエネルギー使用者の努力

　基本方針とエネルギー使用者の努力が省エネ法に次のように規定されています。

①基本方針

（基本方針）

第三条　**経済産業大臣**は、工場又は事務所その他の事業場（以下「工場等」という。）、輸送、建築物、機械器具等に係る**エネルギーの使用の合理化及び非化石エネルギーへの転換**並びに**電気の需要の最適化**を総合的に進める見地から、エネルギーの使用の合理化及び非化石エネルギーへの転換等に関する基本方針（以下「**基本方針**」という。）を定め、これを**公表**しなければならない。

②エネルギー使用者の努力

（エネルギー使用者の努力）

第四条　エネルギーを使用する者は、**基本方針**の定めるところに留意して、**エネルギーの使用の合理化**及び**非化石エネルギーへの転換**に努めるとともに、**電気の需要の最適化**に資する措置を講ずるよう努めなければならない。

経済産業大臣が基本方針を定め、基本方針に対するエネルギー使用者の努力が規定されています。ビル等のエネルギーを使用する施設も基本方針に対する努力が求められます。

図表 5-2　エネルギー使用者への直接規制

工場・事業場		運輸	
努力義務の対象者			
工場等の設置者 ・事業者の努力義務		貨物/旅客輸送 事業者 ・事業者の努力義務	荷主 ・事業者の努力義務
報告義務等対象者			
特定事業者等 （エネルギー使用量1,500kℓ/ 年以上） ・エネルギー管理者等の選任義務 ・中長期計画の提出義務 ・エネルギー使用状況等の定期 　報告義務		特定貨物／旅客輸 送事業者 （保有車両トラック 200台以上等） ・計画の提出義務 ・エネルギー使用状 　況等の定期報告義 　務	特定荷主 （年間輸送量 3,000万トンキロ 以上） ・計画の提出義務 ・委託輸送に係るエ 　ネルギー使用状況 　等の定期報告義務

出典：資源エネルギー庁ウェブサイト「省エネ法とは」（https://www.enecho.meti.go.jp/category/saving_and_new/saving/enterprise/overview）をもとに筆者作成。

4　騒音規制法

（1）騒音規制法の目的

騒音規制法の目的は、同法に次のように定められています。

（目的）

第一条　この法律は、工場及び事業場における事業活動並びに建設工事に伴つて発生する相当範囲にわたる**騒音について必要な規制**を行なうとともに、自動車騒音に係る許容限度を定めること等により、生活環境を保全し、国民の健康の保護に資することを目的とする。

（2）用語の定義

　特定施設、規制基準、特定工場等について、騒音規制法に、次のように定義されています。

（定義）

第二条　この法律において「**特定施設**」とは、工場又は事業場に設置される施設のうち、著しい騒音を発生する施設であつて政令で定めるものをいう。

２　この法律において「**規制基準**」とは、特定施設を設置する工場又は事業場（以下「**特定工場等**」という。）において発生する騒音の特定工場等の敷地の境界線における大きさの許容限度をいう。

（3）規制基準の順守

　騒音規制法に、指定された地域内の特に定められた工場等の設置者は、規制基準を順守しなければならないと定められています。

（規制基準の遵守義務）

第五条　**指定地域**内に**特定工場**等を設置している者は、当該特定工場等に係る**規制基準を遵守**しなければならない。

（4）特定施設の設置届

　騒音規制法に、指定された地域内の工場や事業場に**特定施設**を設置しようとする者は、**市町村長に届け出**なければならないと定められています。

（特定施設の設置の届出）

第六条　指定地域内において工場又は事業場（特定施設が設置されていないものに限る。）に**特定施設を設置**しようとする者は、その特定施

設の設置の工事の開始の日の三十日前までに、環境省令で定めるところにより、次の事項を**市町村長に届け出**なければならない。

一　氏名又は名称及び住所並びに法人にあつては、その代表者の氏名

二　工場又は事業場の名称及び所在地

三　特定施設の種類ごとの数

四　騒音の防止の方法

五　その他環境省令で定める事項

2　前項の規定による届出には、特定施設の配置図その他環境省令で定める書類を添付しなければならない。

特定施設とは、工場または事業場に設置される施設のうち、金属加工機械などの著しい騒音を発生する施設で、政令で定めるものをいいます。

5　振動規制法

（1）振動規制法の目的

振動規制法の目的は、同法に次のように定められています。

（目的）

第一条　この法律は、工場及び事業場における事業活動並びに建設工事に伴つて発生する相当範囲にわたる**振動について必要な規制**を行うとともに、道路交通振動に係る要請の措置を定めること等により、生活環境を保全し、国民の健康の保護に資することを目的とする。

（2）用語の定義

特定施設、規制基準、特定工場等について、振動規制法に、次のように定義されています。

（定義）

第二条　この法律において「**特定施設**」とは、工場又は事業場に設置される施設のうち、著しい振動を発生する施設であつて政令で定めるものをいう。

2　この法律において「**規制基準**」とは、特定施設を設置する工場又は事業場（以下「**特定工場等**」という。）において発生する振動の特定工場等の敷地の境界線における大きさの許容限度をいう。

（3）規制基準の順守

振動規制法に、指定された地域内の特定工場等の設置者は、規制基準を順守しなければならないと定められています。

（規制基準の遵守義務）

第五条　**指定地域**内に**特定工場**等を設置している者は、当該特定工場等に係る**規制基準を遵守**しなければならない。

（4）特定施設の設置届

振動規制法に、指定された地域内の工場や事業場に**特定施設**を設置しようとする者は、**市町村長に届け出**なければならないと定められています。

（特定施設の設置の届出）

第六条　指定地域内において工場又は事業場（特定施設が設置されていないものに限る。）に**特定施設を設置**しようとする者は、その特定施

設の設置の工事の開始の日の三十日前までに、環境省令で定めるところにより、次の事項を**市町村長に届け出**なければならない。

一　氏名又は名称及び住所並びに法人にあつては、その代表者の氏名

二　工場又は事業場の名称及び所在地

三　特定施設の種類及び能力ごとの数

四　振動の防止の方法

五　特定施設の使用の方法

六　その他環境省令で定める事項

2　前項の規定による届出には、特定施設の配置図その他環境省令で定める書類を添付しなければならない。

特定施設とは、工場または事業場に設置される施設のうち、金属加工機械などの著しい振動を発生する施設で、政令で定めるものをいいます。

6　航空法

　高さ 60m 以上のビルなどの設置者は、国土交通大臣の許可を受けた場合を除き、ビルに航空障害灯を設置しなければなりません。また、航空障害灯を設置した者は、航空障害灯を管理しなければなりません。管理が不適切な場合は、国土交通大臣より設置者に対して改善・是正命令が発せされる場合があります。航空障害灯に関する事項は、航空法に次のように定められています。

（航空障害灯）

第五十一条　地表又は水面から**六十メートル以上**の高さの物件の設置者は、国土交通省令で定めるところにより、当該物件に**航空障害灯を設**

置しなければならない。但し、**国土交通大臣の許可**を受けた場合は、**この限りでない。**

5　国土交通大臣及び第一項又は第二項の規定により**航空障害灯を設置した者**は、国土交通省令で定める方法に従い、当該**航空障害灯を管理**しなければならない。

6　**国土交通大臣**は、第一項又は第二項の規定により航空障害灯を設置した者の当該**航空障害灯の管理**の方法が前項の国土交通省令に従つていないと認めるときは、その者に対し、設備の**改善**その他その**是正**のため**必要な措置**を講ずべきことを**命ずる**ことができる。

7　警備業法

(1) 警備業法の目的

警備業法の目的は、同法に次のように定められています。

（目的）
第一条　この法律は、**警備業について必要な規制**を定め、もつて警備業務の実施の適正を図ることを目的とする。

(2) 警備業務の定義

警備業務の定義について、警備業法に次のように定められています。

（定義）
第二条　この法律において「警備業務」とは、次の各号のいずれかに該当する業務であつて、**他人の需要**に応じて行うものをいう。

一　事務所、住宅、興行場、駐車場、遊園地等（以下「警備業務対象**施**

設」という。）における盗難等の事故の発生を警戒し、防止する業務

二　人若しくは車両の**雑踏**する場所又はこれらの通行に危険のある場所における負傷等の事故の発生を警戒し、防止する業務

三　**運搬**中の現金、貴金属、美術品等に係る盗難等の事故の発生を警戒し、防止する業務

四　人の身体に対する危害の発生を、その**身辺**において警戒し、防止する業務

前条の規定から、第 1 号に記されている**施設警備**を **1 号警備**、第 2 号に記されている**雑踏警備**を **2 号警備**、第 3 号に記されている**運搬警備**を **3 号警備**、第 4 号に記されている**身辺警備**を **4 号警備**といいます。

（3）警備業の要件

警備業の要件として、警備業を営んではならない者について、警備業法に、次のように定められています。

なお、本書では、令和 4 年 6 月 17 日公布の内容に合わせています（施行日は、刑法等一部改正法〔刑法等の一部を改正する法律＝令和 4 年 6 月法律第 67 号〕の施行日）。

（警備業の要件）

第三条　次の各号のいずれかに該当する者は、警備業を営んではならない。

一　破産手続開始の決定を受けて復権を得ない者

二　**拘禁刑以上の刑**に処せられ、又はこの法律の規定に違反して罰金の刑に処せられ、その執行を終わり、又は執行を受けることがなくなつた日から起算して五年を経過しない者

三　最近五年間に、この法律の規定、この法律に基づく命令の規定若しくは処分に**違反**し、又は警備業務に関し他の法令の規定に**違反する重大な不正行為**で国家公安委員会規則で定めるものをした者

四　集団的に、又は常習的に**暴力的不法行為**その他の罪に当たる違法な行為で国家公安委員会規則で定めるものを行うおそれがあると認めるに足りる相当な理由がある者

五　**暴力団員による不当な行為の防止等に関する法律**（平成三年法律第七十七号）第十二条若しくは第十二条の六の規定による命令又は同法第十二条の四第二項の規定による指示を受けた者であつて、当該命令又は指示を受けた日から起算して三年を経過しないもの

六　アルコール、麻薬、大麻、あへん又は覚醒剤の**中毒者**

七　**心身の障害**により警備業務を適正に行うことができない者として国家公安委員会規則で定めるもの

八　営業に関し成年者と同一の行為能力を有しない**未成年者**。ただし、その者が警備業者の相続人であつて、その法定代理人が前各号及び第十号のいずれにも該当しない場合を除くものとする。

九　営業所ごと及び当該営業所において取り扱う警備業務の区分（前条第一項各号の警備業務の区分をいう。以下同じ。）ごとに第二十二条第一項の警備員指導教育責任者を選任すると認められないことについて**相当な理由**がある者

十　**法人でその役員**（業務を執行する社員、取締役、執行役又はこれらに準ずる者をいい、相談役、顧問その他いかなる名称を有する者であるかを問わず、法人に対し業務を執行する社員、取締役、執行役又はこれらに準ずる者と同等以上の支配力を有するものと認められる者を含む。）のうちに**第一号から第七号**までのいずれかに該当する者があるもの

十一　**第四号**に該当する者が出資、融資、取引その他の関係を通じてその事業活動に**支配的な影響力を有する者**

（4）警備業の認定と警備業務の届出

警備業を営もうとする者は、都道府県公安委員会の**認定**を受けなければな

りません。また、警備業務を行おうとするときは、都道府県公安委員会に**届出書を提出**しなければなりません。認定、届出に関する事項は、警備業法に次のように定められています。

（認定）

第四条　**警備業を営もうとする者**は、前条各号のいずれにも該当しないことについて、**都道府県公安委員会**（以下「公安委員会」という。）の**認定**を受けなければならない。

（営業所の届出等）

第九条　警備業者は、その主たる営業所の所在する都道府県以外の都道府県の区域内に営業所を設け、又は当該区域内で**警備業務**（内閣府令で定めるものを除く。）**を行おうとするとき**は、内閣府令で定めるところにより、当該都道府県の区域を管轄する**公安委員会**に、次の事項を記載した**届出書を提出**しなければならない。この場合において、当該届出書には、内閣府令で定める書類を添付しなければならない。

一　第五条第一項第一号及び第四号に掲げる事項

二　主たる営業所の名称及び所在地

三　前二号に掲げるもののほか、内閣府令で定める事項

（5）警備業務実施の基本原則

　警備業法に、警備業務実施の基本原則として、**他人の権利・自由を侵害してはならない、個人・団体の正当な活動に干渉してはならない**と、次のように定められています。

（警備業務実施の基本原則）

第十五条　警備業者及び警備員は、警備業務を行うに当たつては、この法律により特別に権限を与えられているものでないことに留意するとともに、**他人の権利及び自由を侵害**し、又は**個人若しくは団体の正当**

な活動に干渉してはならない。

(6) 警備業務の服装

　警備業務を行うときは、公務員（特に**警察官**など）の**制服**と**明確に識別できる制服**を用いなければなりません。また、警備業務に使用する服装の色、型式などを記載した**届出書**を、**都道府県公安委員会に提出**しなければなりません。服装に関する事項は、警備業法に次のように定められています。

（服装）

第十六条　警備業者及び警備員は、警備業務を行うに当たつては、内閣府令で定める**公務員**の法令に基づいて定められた**制服**と、色、型式又は標章により、**明確に識別することができる服装**を用いなければならない。

2　警備業者は、警備業務（内閣府令で定めるものを除く。以下この項及び次条第二項において同じ。）を行おうとする都道府県の区域を管轄する**公安委員会**に、当該公安委員会の管轄区域内において警備業務を行うに当たつて用いようとする**服装の色、型式**その他内閣府令で定める事項を記載した**届出書を提出**しなければならない。この場合において、当該届出書には、内閣府令で定める書類を添付しなければならない。

警備員の制服は、警備員とわかり、かつ、警察官ではないとわかる服装である必要があります。

162

8　フロン類の使用の合理化及び管理の適正化に関する法律

(1)　フロン類の使用の合理化及び管理の適正化に関する法律の目的

　フロン類の使用の合理化及び管理の適正化に関する法律は、フロン排出抑制法ともいい、法の目的が同法に次のように定められています。

（目的）

第一条　この法律は、人類共通の課題であるオゾン層の保護及び地球温暖化（地球温暖化対策の推進に関する法律（平成十年法律第百十七号）第二条第一項に規定する地球温暖化をいう。以下同じ。）の防止に積極的に取り組むことが重要であることに鑑み、**オゾン層を破壊**し又は**地球温暖化**に深刻な影響をもたらす**フロン類の大気中への排出を抑制**するため、フロン類の使用の合理化及び特定製品に使用されるフロン類の管理の適正化に関する指針並びにフロン類及びフロン類使用製品の製造業者等並びに特定製品の管理者の責務等を定めるとともに、**フロン類の使用の合理化**及び特定製品に使用される**フロン類の管理の適正化**のための措置等を講じ、もって現在及び将来の国民の健康で文化的な生活の確保に寄与するとともに人類の福祉に貢献することを目的とする。

オゾン層を破壊し、地球温暖化に影響をもたらすフロン類の大気中への排出を抑制するため、使用の合理化と管理の適正化を目的としています。

(2) 用語の定義

　フロン類、第1種特定製品、管理の適正化等の用語が、フロン排出抑制法に次のように定められています。

（定義）

第二条　この法律において「**フロン類**」とは、**クロロフルオロカーボン及びハイドロクロロフルオロカーボン**のうち特定物質等の規制等による**オゾン層の保護に関する法律**（昭和六十三年法律第五十三号）第二条第一項に規定する**特定物質**であるもの並びに地球温暖化対策の推進に関する法律第二条第三項第四号に掲げる物質をいう。

3　この法律において「**第一種特定製品**」とは、次に掲げる機器のうち、**業務用**の機器（一般消費者が通常生活の用に供する機器以外の機器をいう。）であって、冷媒としてフロン類が充填されているもの（第二種特定製品を除く。）をいう。

　一　**エアコンディショナー**

　二　**冷蔵機器及び冷凍機器**（冷蔵又は冷凍の機能を有する自動販売機を含む。）

9　この法律において特定製品に使用されるフロン類について「**管理の適正化**」とは、**特定製品の使用**等に際しての当該**フロン類の排出量の把握、充填、回収、再生、破壊**その他の行為が適正に行われるようにすることにより、当該フロン類の排出の抑制を図ることをいう。

---

①フロン類

　フロン類とは、クロロフルオロカーボン、ハイドロクロロフルオロカーボンのうち特定物質等の規制等によるオゾン層の保護に関する法律に規定する特定物質です。

②第 1 種特定製品

第 1 種特定製品とは、冷媒としてフロン類が充塡されている業務用のエアコンディショナー、冷蔵機器、冷凍機器です。

③フロン類の管理の適正化

フロン類の管理の適正化とは、フロン類の排出量の把握、充塡、回収、再生、破壊等を適正に行うことを指します。

特定製品の使用に際し、フロン類の充塡、回収、再生、破壊を適正に実施することが必要です。

（3）第 1 種特定製品の管理者が講ずべき措置

第 1 種特定製品の管理者が講ずべき措置が、フロン排出抑制法に次のように定められています。

第一節　第一種特定製品の管理者が講ずべき措置

（第一種特定製品の管理者の判断の基準となるべき事項）

第十六条　**主務大臣**は、第一種特定製品に使用されるフロン類の管理の適正化を推進するため、第一種特定製品の管理者が当該フロン類の管理の適正化のために管理第一種特定製品（第一種特定製品の管理者がその使用等を管理する責任を有する第一種特定製品をいう。以下この節において同じ。）の**使用等に際して取り組むべき措置**に関して第一種特定製品の**管理者の判断の基準**となるべき事項を定め、これを**公表**するものとする。

大臣が定める第1種特定製品の管理者の判断の基準として、次の内容のものが規定されており、遵守する必要があります。
（1）適切な場所への設置等
（2）機器の点検
（3）漏えい防止措置、修理しないままの充填の原則禁止
（4）点検整備の記録・保存

（4）フロン類の放出の禁止

特定製品の管理者だけでなく、すべての人を対象にフロン類の放出の禁止がフロン排出抑制法に次のように規定されています。

（フロン類の放出の禁止）

第八十六条　**何人**も、みだりに特定製品に冷媒として充填されている**フロン類を大気中に放出してはならない。**

図表5-3　フロン排出抑制法の全体像

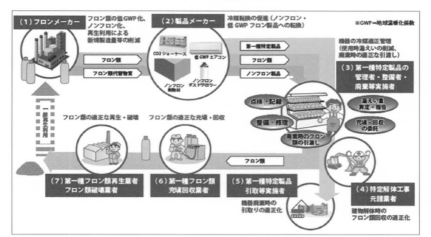

出典：環境省ウェブサイト「フロン排出抑制法の概要」（https://www.env.go.jp/earth/furon/gaiyo/gaiyo.html）

9　建築物のエネルギー消費性能の向上に関する法律

（1）建築物のエネルギー消費性能の向上に関する法律の目的

　建築物のエネルギー消費性能の向上に関する法律は、建築物省エネ法ともいい、法の目的が同法に次のように定められています。

　なお、本書では本項を令和５年４月１日施行の内容に合わせています。

（目的）

第一条　この法律は、社会経済情勢の変化に伴い建築物におけるエネルギーの消費量が著しく増加していることに鑑み、建築物のエネルギー消費性能の向上に関する基本的な方針の策定について定めるとともに、**一定規模以上の建築物の建築物エネルギー消費性能基準への適合性**を確保するための措置、建築物エネルギー消費性能向上計画の認定その他の措置を講ずることにより、エネルギーの使用の合理化及び非化石エネルギーへの転換等に関する法律（昭和五十四年法律第四十九号）と相まって、**建築物のエネルギー消費性能の向上**を図り、もって国民経済の健全な発展と国民生活の安定向上に寄与することを目的とする。

一定規模以上の建築物のエネルギー消費性能基準の確保、エネルギー消費性能の向上を目的としています。

（2）建築主等と販売・賃貸事業者の努力

　建築物省エネ法に、建築主等並びに販売・賃貸事業者の努力が規定されて

います。

①建築主等の努力

　建築主や建築物の所有者、管理者、占有者について、建築物エネルギー消費性能基準の適合、エネルギー消費性能の向上に努めるよう、建築物省エネ法に次のように規定されています。

（建築主等の努力）

第六条　**建築主**（次章第一節若しくは第二節又は附則第三条の規定が適用される者を除く。）は、その**建築**（建築物の新築、増築又は改築をいう。以下同じ。）をしようとする建築物について、**建築物エネルギー消費性能基準**（第二条第二項の条例で付加した事項を含む。第二十九条及び第三十二条第二項を除き、以下同じ。）に**適合**させるために必要な措置を講ずるよう努めなければならない。

2　**建築主**は、その**修繕**等（建築物の修繕若しくは模様替、建築物への空気調和設備等の設置又は建築物に設けた空気調和設備等の改修をいう。第三十四条第一項において同じ。）をしようとする建築物について、建築物の**所有者、管理者又は占有者**は、その所有し、管理し、又は占有する建築物について、**エネルギー消費性能の向上**を図るよう努めなければならない。

建築物の管理者についても、建築物のエネルギー消費性能の向上を図るよう努めなければなりません。

②建築物の販売賃貸事業者の努力

　建築物の販売賃貸事業者の努力が建築物省エネ法に次のように規定されて

います。

> （建築物の販売又は賃貸を行う事業者の努力）
>
> 第七条　建築物の**販売又は賃貸**を行う事業者は、その販売又は賃貸を行う建築物について、**エネルギー消費性能を表示**するよう努めなければならない。

建築物の販売賃貸事業者は、建築物のエネルギー消費性能を表示するよう努めなければなりません。

（3）特定建築物の建築主の義務

　特定建築物の建築主の義務として、基準適合義務と建築物エネルギー消費性能適合性判定を受ける義務が、建築物省エネ法に規定されています。

①特定建築物の建築主の基準適合義務

　特定建築物の建築主の基準適合義務が建築物省エネ法に次のように規定されています。

> （特定建築物の建築主の基準適合義務）
>
> 第十一条　**建築主**は、**特定建築行為**（特定建築物（居住のために継続的に使用する室その他の政令で定める建築物の部分（以下「住宅部分」という。）以外の建築物の部分（以下「非住宅部分」という。）の規模がエネルギー消費性能の確保を特に図る必要があるものとして政令で定める規模以上である建築物をいう。以下同じ。）の新築若しくは増築若しくは改築（非住宅部分の増築又は改築の規模が政令で定める規模以上であるものに限る。）又は特定建築物以外の建築物の増築（非

住宅部分の増築の規模が政令で定める規模以上であるものであって、当該建築物が増築後において特定建築物となる場合に限る。）をいう。以下同じ。）をしようとするときは、当該**特定建築物（非住宅部分に限る。）**を**建築物エネルギー消費性能基準に適合**させなければならない。

建築主は、政令で定める一定規模以上の建築行為をしようとするときは、建築物エネルギー消費性能基準に適合させなければなりません。

②建築物エネルギー消費性能適合性判定

　建築物エネルギー消費性能適合性判定を受ける義務が建築物省エネ法に次のように規定されています。

（建築物エネルギー消費性能適合性判定）

第十二条　**建築主**は、**特定建築行為**をしようとするときは、その工事に着手する前に、**建築物エネルギー消費性能確保計画**（特定建築行為に係る特定建築物のエネルギー消費性能の確保のための構造及び設備に関する計画をいう。以下同じ。）を**提出**して**所管行政庁**の**建築物エネルギー消費性能適合性判定**（建築物エネルギー消費性能確保計画（非住宅部分に係る部分に限る。第五項及び第六項において同じ。）が建築物エネルギー消費性能基準に適合するかどうかの判定をいう。以下同じ。）を**受けなければならない。**

建築主は、政令で定める一定規模以上の建築行為をしようとするときは、計画を提出して、所管行政庁の建築物エネルギー消費性能適合性判定を受けなければなりません。

（4）建築物の建築に関する届出

特定建築物、特定建築行為以外の政令で定める規模以上の建築物の建築についての届出が、建築物省エネ法に次のように規定されています。

（建築物の建築に関する届出等）

第十九条　**建築主**は、次に掲げる行為をしようとするときは、その工事**に着手する日の二十一日前**までに、国土交通省令で定めるところにより、当該行為に係る**建築物のエネルギー消費性能の確保のための構造及び設備に関する計画**を**所管行政庁**に**届け出**なければならない。その変更（国土交通省令で定める軽微な変更を除く。）をしようとするときも、同様とする。

一　**特定建築物以外**の建築物であってエネルギー消費性能の確保を図る必要があるものとして**政令で定める規模以上**のものの**新築**

二　建築物の**増築**又は**改築**であってエネルギー消費性能の確保を図る必要があるものとして**政令で定める規模以上**のもの（**特定建築行為**に該当するものを**除く**。）

特定建築物、特定建築行為以外の政令で定める規模以上の建築物の建築については、所管行政庁への届出が義務づけられています。

10 個人情報の保護に関する法律

(1) 個人情報保護法の目的

　ビル管理の業務においては、防犯カメラの個人を識別できる画像やセキュリティシステムに用いられる個人を識別するための生体情報などが個人情報に該当するため、本法律の適用の対象となります。

　個人情報の保護に関する法律は、個人情報保護法ともいい、法の目的と基本理念が同法に次のように定められています。

①目的

（目的）

第一条　この法律は、デジタル社会の進展に伴い個人情報の利用が著しく拡大していることに鑑み、個人情報の適正な取扱いに関し、基本理念及び政府による基本方針の作成その他の個人情報の保護に関する施策の基本となる事項を定め、国及び地方公共団体の責務等を明らかにし、個人情報を取り扱う事業者及び行政機関等についてこれらの特性に応じて遵守すべき義務等を定めるとともに、個人情報保護委員会を設置することにより、行政機関等の事務及び事業の適正かつ円滑な運営を図り、並びに個人情報の適正かつ効果的な活用が新たな産業の創出並びに活力ある経済社会及び豊かな国民生活の実現に資するものであることその他の個人情報の有用性に配慮しつつ、**個人の権利利益を保護**することを目的とする。

②基本理念

（基本理念）

第三条　個人情報は、個人の**人格尊重**の理念の下に慎重に取り扱われるべきものであることに鑑み、その**適正な取扱い**が図られなければならない。

（2）個人情報の定義

個人情報等について個人情報保護法に次のように規定されています。

（定義）
第二条　この法律において「**個人情報**」とは、生存する個人に関する情報であって、次の各号のいずれかに該当するものをいう。

一　当該情報に含まれる**氏名、生年月日**その他の記述等（文書、図画若しくは電磁的記録（電磁的方式（電子的方式、磁気的方式その他人の知覚によっては認識することができない方式をいう。次項第二号において同じ。）で作られる記録をいう。以下同じ。）に記載され、若しくは記録され、又は音声、動作その他の方法を用いて表された一切の事項（個人識別符号を除く。）をいう。以下同じ。）により**特定の個人を識別することができるもの**（他の情報と容易に照合することができ、それにより特定の個人を識別することができることとなるものを含む。）

二　**個人識別符号**が含まれるもの

個人情報とは、特定の個人を識別できる情報をいいます。

(3) 安全管理措置等

　個人情報取扱事業者の安全管理措置等が個人情報保護法に次のように規定されています。

（安全管理措置）

第二十三条　個人情報取扱事業者は、その取り扱う個人データの**漏えい、滅失又は毀損の防止**その他の個人データの**安全管理**のために必要かつ適切な措置を講じなければならない。

（従業者の監督）

第二十四条　個人情報取扱事業者は、その**従業者**に個人データを取り扱わせるに当たっては、当該個人データの**安全管理**が図られるよう、当該従業者に対する必要かつ適切な**監督**を行わなければならない。

（委託先の監督）

第二十五条　個人情報取扱事業者は、個人データの取扱いの全部又は一部を**委託**する場合は、その取扱いを委託された個人データの**安全管理**が図られるよう、委託を受けた者に対する必要かつ適切な**監督**を行わなければならない。

　個人情報取扱事業者には、個人データの漏えい防止等の安全管理や従業者、委託先の監督が義務づけられています。

11　不正アクセス行為の禁止等に関する法律

(1) 目的

　ビル管理の業務においては、機密性が求められるビルテナントの顧客情報

をインターネットに接続したコンピュータを用いて取り扱う場合等におい
て、不正アクセスによる情報漏えい等を防止する措置が求められます。

　不正アクセス行為の禁止等に関する法律は、不正アクセス禁止法ともいい、
法の目的が同法に次のように規定されています。

（目的）

第一条　この法律は、**不正アクセス行為を禁止**するとともに、これにつ
　　いての罰則及びその再発防止のための都道府県公安委員会による援助
　　措置等を定めることにより、電気通信回線を通じて行われる**電子計算
　　機**に係る**犯罪の防止**及びアクセス制御機能により実現される電気通信
　　に関する秩序の維持を図り、もって高度情報通信社会の健全な発展に
　　寄与することを目的とする。

不正アクセス禁止法の目的は、電子計算機、すな
わちコンピュータによる犯罪の防止等です。

(2) 不正アクセス行為の定義

　不正アクセス行為の定義が、不正アクセス禁止法に次のように規定されて
います。

（定義）

第二条

4　この法律において「**不正アクセス行為**」とは、次の各号のいずれか
　　に該当する行為をいう。

一　**アクセス制御機能を有する特定電子計算機**に電気通信回線を通じ
　　て当該アクセス制御機能に係る**他人の識別符号を入力して当該特定**

電子計算機を作動させ、当該アクセス制御機能により**制限されている特定利用をし得る状態**にさせる行為（当該アクセス制御機能を付加したアクセス管理者がするもの及び当該アクセス管理者又は当該識別符号に係る利用権者の承諾を得てするものを除く。）

二　**アクセス制御機能を有する特定電子計算機**に電気通信回線を通じて当該アクセス制御機能による**特定利用の制限を免れることができる情報**（識別符号であるものを除く。）**又は指令を入力して当該特定電子計算機を作動**させ、その**制限されている特定利用をし得る状態**にさせる行為（当該アクセス制御機能を付加したアクセス管理者がするもの及び当該アクセス管理者の承諾を得てするものを除く。次号において同じ。）

三　電気通信回線を介して接続された**他の特定電子計算機が有するアクセス制御機能**によりその特定利用を制限されている特定電子計算機に電気通信回線を通じてその**制限を免れることができる情報又は指令を入力**して当該**特定電子計算機を作動させ、その制限されている特定利用をし得る状態**にさせる行為

要するに不正アクセス行為とは、アクセス制限されているコンピュータに不正にアクセスし、利用が制限されているものを利用可能な状態にすることをいいます。
なお、識別符号とは ID とパスワード等です。

（3）不正アクセス行為の禁止等

　不正アクセス行為の禁止等について、不正アクセス禁止法に次のように規定されています。

（不正アクセス行為の禁止）
　第三条　何人も、**不正アクセス行為をしてはならない。**

（他人の識別符号を不正に取得する行為の禁止）

第四条　**何人**も、**不正アクセス行為**（第二条第四項第一号に該当するものに限る。第六条及び第十二条第二号において同じ。）の用に供する**目的**で、アクセス制御機能に係る**他人の識別符号を取得してはならない**。

（不正アクセス行為を助長する行為の禁止）

第五条　**何人**も、業務その他正当な理由による場合を除いては、アクセス制御機能に係る**他人の識別符号**を、当該アクセス制御機能に係るアクセス管理者及び当該識別符号に係る**利用権者以外の者に提供してはならない**。

（他人の識別符号を不正に保管する行為の禁止）

第六条　**何人**も、**不正アクセス行為**の用に供する**目的**で、不正に取得されたアクセス制御機能に係る**他人の識別符号を保管してはならない**。

（識別符号の入力を不正に要求する行為の禁止）

第七条　**何人**も、アクセス制御機能を特定電子計算機に付加したアクセス管理者に**なりすまし**、その他当該アクセス管理者であると**誤認**させて、次に掲げる行為をしてはならない。ただし、当該アクセス管理者の承諾を得てする場合は、この限りでない。

一　当該アクセス管理者が当該アクセス制御機能に係る識別符号を付された利用権者に対し当該識別符号を特定電子計算機に入力することを求める旨の情報を、電気通信回線に接続して行う自動公衆送信（公衆によって直接受信されることを目的として公衆からの求めに応じ自動的に送信を行うことをいい、放送又は有線放送に該当するものを除く。）を利用して**公衆が閲覧することができる状態に置く行為**

二　当該アクセス管理者が当該アクセス制御機能に係る識別符号を付された利用権者に対し当該**識別符号**を特定電子計算機に**入力**することを求める旨の情報を、**電子メール**（特定電子メールの送信の適正化等に関する法律（平成十四年法律第二十六号）第二条第一号に規

定する電子メールをいう。）により当該**利用権者に送信する行為**

不正アクセス行為も、不正アクセス行為を目的に識別符号を他人に提供したり、保管したり、識別符号の入力を不正に要求したりしてはなりません。

（4）アクセス管理者による防御措置

　アクセス管理者による防御措置が不正アクセス防止法に次のように規定されています。

（アクセス管理者による防御措置）

第八条　アクセス制御機能を特定電子計算機に付加した**アクセス管理者は**、当該アクセス制御機能に係る**識別符号**又はこれを当該アクセス制御機能により確認するために用いる**符号の適正な管理**に努めるとともに、常に当該アクセス制御機能の有効性を検証し、必要があると認めるときは速やかにその機能の高度化その他当該特定電子計算機を**不正アクセス行為から防御するため必要な措置**を講ずるよう努めるものとする。

アクセス管理者は、識別符号の適正な管理、不正アクセス行為からの防御に努める必要があります。

12　酸素欠乏症等防止規則

（1）事業者の責務

　酸素欠乏症等防止規則は、酸欠則ともいい、事業者の責務が同規則第 1 条に次のように定められています。

（事業者の責務）

第一条　事業者は、**酸素欠乏症等を防止**するため、**作業方法の確立、作業環境の整備**その他必要な措置を講ずるよう努めなければならない。

（2）酸素欠乏と酸素欠乏危険作業

　酸素欠乏や酸素欠乏危険作業等について、酸欠則に次のように規定されています。

（定義）

第二条　この省令において、次の各号に掲げる用語の意義は、それぞれ当該各号に定めるところによる。

　　一　酸素欠乏　空気中の**酸素の濃度**が**十八パーセント未満**である状態をいう。

　　二　酸素欠乏等　前号に該当する状態又は空気中の**硫化水素の濃度が百万分の十を超える**状態をいう。

　　三　酸素欠乏症　酸素欠乏の空気を吸入することにより生ずる症状が認められる状態をいう。

　　六　酸素欠乏危険作業　労働安全衛生法施行令（昭和四十七年政令第三百十八号。以下「令」という。）別表第六に掲げる酸素欠乏危険場所（以下「**酸素欠乏危険場所**」という。）における**作業**をいう。

通常の大気の酸素の濃度は 21%ですが、それが 18%未満になった状態を**酸素欠乏**と定義されています。また、酸素濃度 18%未満または硫化水素の濃度が 10ppm を超える状態は**酸素欠乏等**と定義されています。硫化水素は毒性ガスです。

また酸素欠乏危険作業とは酸素欠乏危険場所における作業をいい、酸素欠乏危険場所については労働安全衛生法施行令の別表第 6 に規定されています。

酸素欠乏とは酸素濃度 18%未満、酸素欠乏等は酸素濃度 18%未満または硫化水素 10ppm 超過の状態です。

(3) 酸素欠乏危険場所

酸素欠乏危険場所は、労働安全衛生法施行令の別表第 6 に規定されています。このうちビル管理の現場において想定されるものを抜粋して示すと次のとおりです。

別表第六　酸素欠乏危険場所（第六条、第二十一条関係）

三　ケーブル、ガス管その他地下に敷設される物を収容するための**暗きよ、マンホール又はピット**の内部

三の二　雨水、河川の流水又は湧水が滞留しており、又は滞留したことのある**槽、暗きよ、マンホール又はピット**の内部

四　相当期間密閉されていた鋼製の**ボイラー、タンク**、反応塔、船倉その他その内壁が酸化されやすい施設（その内壁がステンレス鋼製のもの又はその内壁の酸化を防止するために必要な措置が講ぜられているものを除く。）の内部

六　天井、床若しくは周壁又は格納物が乾性油を含むペイントで塗装さ

れ、そのペイントが乾燥する前に密閉された**地下室、倉庫、タンク、**船倉その他通風が不十分な施設の内部

九　し尿、腐泥、汚水、パルプ液その他腐敗し、又は分解しやすい物質を入れてあり、又は入れたことのある**タンク**、船倉、**槽、管、暗きよ、マンホール、溝又はピット**の内部

一般のビルでは、暗きょ、マンホール、ピット、ボイラー、タンク、地下室、汚水槽などが酸素欠乏危険場所に相当します。

（4）作業主任者と特別教育

　酸素欠乏場所での作業である酸素欠乏危険作業については、作業主任者の選任と特別教育の実施が、酸欠則に規定されています。

①作業主任者の選任

　事業者は、酸素欠乏危険作業について、技能講習を修了した者から作業主任者を選任しなければならない旨、酸欠則に次のように規定されています。

（作業主任者）

第十一条　**事業者**は、**酸素欠乏危険作業**については、**第一種**酸素欠乏危険作業にあつては酸素欠乏危険作業主任者**技能講習**又は酸素欠乏・硫化水素危険作業主任者**技能講習**を修了した者のうちから、**第二種**酸素欠乏危険作業にあつては酸素欠乏・硫化水素危険作業主任者**技能講習**を修了した者のうちから、**酸素欠乏危険作業主任者**を**選任**しなければならない。

181

第1種酸素欠乏危険作業とは酸素欠乏の危険のある作業、第2種酸素欠乏危険作業とは酸素欠乏とともに硫化水素中毒の危険のある作業をいいます。

②特別教育の実施

　事業者は、酸素欠乏危険作業に労働者を就かせるときは、労働者に特別の教育を行わなければならない旨、酸欠則に次のように規定されています。

（特別の教育）

第十二条　**事業者**は、**第一種**酸素欠乏危険作業に係る業務に労働者を就かせるときは、当該労働者に対し、次の科目について**特別の教育**を行わなければならない。

一　酸素欠乏の発生の原因

二　酸素欠乏症の症状

三　空気呼吸器等の使用の方法

四　事故の場合の退避及び救急そ生の方法

五　前各号に掲げるもののほか、酸素欠乏症の防止に関し必要な事項

2　前項の規定は、**第二種**酸素欠乏危険作業に係る業務について**準用**する。この場合において、同項第一号中「酸素欠乏」とあるのは「酸素欠乏等」と、同項第二号及び第五号中「酸素欠乏症」とあるのは「酸素欠乏症等」と読み替えるものとする。

事業者は、酸素欠乏危険作業をさせるときは作業主任者を選任し、作業員に対しては特別の教育を実施する必要があります。

(5) 酸素欠乏症等の防止措置

　前述したとおり、酸欠則第1条に事業者の責務として、酸素欠乏症等を防止するため必要な措置を講ずるよう努めなければならないと規定されています。具体的な措置として、酸欠則第2章に次の項目が規定されています。

第二章　一般的防止措置

第三条（**作業環境測定**等）

第四条（**測定器具**）

第五条（**換気**）

第五条の二（**保護具**の**使用**等）

第六条（要求性能**墜落制止用器具**等）

第七条（**保護具**等の**点検**）

第八条（**人員の点検**）

第九条（**立入禁止**）

第十条（**連絡**）

第十一条（**作業主任者**）

第十二条（**特別の教育**）

第十三条（**監視人**等）

第十四条（**退避**）

第十五条（**避難用具**等）

第十六条（**救出**時の**空気呼吸器**等の使用）

第十七条（**診察及び処置**）

事業者は、作業開始前に酸素濃度を測定し、作業中は換気を確保する必要があります。また必要に応じて、空気呼吸器や送気マスク等の保護具を適正に使用させる等、酸素欠乏症等を防止する責務があります。

13　石綿障害予防規則

(1) 事業者の責務

　石綿障害予防規則には、事業者の責務が同規則第 1 条に次のように定められています。

（事業者の責務）

第一条　事業者は、**石綿**による労働者の肺がん、中皮腫その他の健康障害を予防するため、**作業方法の確立、関係施設の改善、作業環境の整備、健康管理の徹底**その他**必要な措置**を講じ、もって、労働者の危険の防止の趣旨に反しない限りで、石綿にばく露される労働者の人数並びに労働者がばく露される期間及び程度を最小限度にするよう努めなければならない。

2　事業者は、**石綿を含有する製品の使用状況等を把握**し、当該製品を計画的に**石綿を含有しない製品に代替**するよう努めなければならない。

(2) 石綿とは

　石綿等の定義について、石綿障害予防規則第 2 条及び労働安全衛生法施行令第 6 条に次のように定められています。

石綿障害予防規則

　（定義）

第二条　この省令において「**石綿等**」とは、労働安全衛生法施行令（以下「令」という。）第六条第二十三号に規定する石綿等をいう。

労働安全衛生法施行令

（作業主任者を選任すべき作業）

第六条　法第十四条の政令で定める作業は、次のとおりとする。

　二十三　**石綿**若しくは**石綿をその重量の〇・一パーセントを超えて含有**する製剤その他の物（以下「石綿等」という。）を取り扱う作業（試験研究のため取り扱う作業を除く。）又は石綿等を試験研究のため製造する作業若しくは第十六条第一項第四号イからハまでに掲げる石綿で同号の厚生労働省令で定めるもの若しくはこれらの石綿をその重量の〇・一パーセントを超えて含有する製剤その他の物（以下「石綿分析用試料等」という。）を製造する作業

石綿とは、アスベストともいい、自然に産出される繊維状の鉱物です。耐火性等に優れ、過去に耐火材として建材に使用されてきましたが、肺がんなどの発がん性が指摘され、現在は労働安全衛生法により製造等が禁止されています。

（3）石綿の製造等の禁止

　石綿の製造等の禁止については、労働安全衛生法第 55 条、同法施行令 16 条に次のように規定されています。

労働安全衛生法

（製造等の禁止）

第五十五条　黄りんマツチ、ベンジジン、ベンジジンを含有する製剤その他の労働者に**重度の健康障害**を生ずる物で、**政令で定めるもの**は、**製造し、輸入し、譲渡し、提供し、又は使用してはならない**。ただし、試験研究のため製造し、輸入し、又は使用する場合で、政令で定める

要件に該当するときは、この限りでない。

労働安全衛生法施行令

（製造等が禁止される有害物等）

第十六条　法第五十五条の政令で定める物は、次のとおりとする。

四　**石綿**（次に掲げる物で厚生労働省令で定めるものを除く。）

　　イ　石綿の分析のための試料の用に供される石綿

　　ロ　石綿の使用状況の調査に関する知識又は技能の習得のための教育の用に供される石綿

　　ハ　イ又はロに掲げる物の原料又は材料として使用される石綿

石綿は、重度の健康障害を生ずるので、製造も、輸入も、譲渡も、提供も、使用も禁止されています。

(4) 作業主任者と特別教育

　作業主任者の選任と特別教育の実施について、石綿障害予防規則に規定されています。

①作業主任者の選任

　石綿作業主任者の選任について、石綿障害予防規則第19条に次のように規定されています。

（石綿作業主任者の選任）

第十九条　事業者は、令第六条第二十三号に掲げる作業（※石綿等を取り扱う作業）については、石綿作業主任者**技能講習を修了**した者のう

　ちから、**石綿作業主任者**を**選任**しなければならない。

※　筆者注

②**特別教育の実施**

　特別の教育の実施について、石綿障害予防規則第 27 条に次のように規定されています。

（特別の教育）

第二十七条　事業者は、**石綿使用建築物等解体等作業**に係る業務に労働者を就かせるときは、当該労働者に対し、次の科目について、当該業務に関する衛生のための**特別の教育**を行わなければならない。

一　石綿の有害性

二　石綿等の使用状況

三　石綿等の粉じんの発散を抑制するための措置

四　保護具の使用方法

五　前各号に掲げるもののほか、石綿等の粉じんのばく露の防止に関し必要な事項

石綿が使用されている建築物の解体作業を実施するときには、作業主任者を選任し、作業員に対しては特別教育を実施する必要があります。

（5）解体等の業務に係る措置

　建築物の解体等の業務に係る措置として、石綿障害予防規則に事前調査、作業の届出、発注者の責務等が規定されています。

①事前調査、分析調査

　建築物の解体・改修の際の事前調査・分析調査について、石綿障害予防規則第3条に次のように規定されています。

　なお、本書では令和5年10月1日施行の内容に合わせています。

（事前調査及び分析調査）

第三条　事業者は、**建築物**、工作物又は船舶（鋼製の船舶に限る。以下同じ。）の**解体又は改修**（封じ込め又は囲い込みを含む。）の作業（以下「解体等の作業」という。）を行うときは、石綿による労働者の健康障害を防止するため、**あらかじめ**、当該建築物、工作物又は船舶（それぞれ解体等の作業に係る部分に限る。以下「**解体等対象建築物等**」という。）について、**石綿等の使用の有無を調査**しなければならない。

4　事業者は、**事前調査**のうち、**建築物**及び船舶に係るものについては、前項各号に規定する場合を除き、適切に当該調査を実施するために必要な知識を有する者として**厚生労働大臣が定めるもの**に行わせなければならない。

石綿の使用の有無の事前調査をする者として厚生労働大臣による、「建築物石綿含有建材調査者講習登録規程」が定められています。

②作業の届出

　事業者は、建築物に吹き付け、張り付けられている石綿を除去、封じ込め、囲い込む作業をするときは、事前に労働基準監督署に作業届を提出する旨、石綿障害予防規則第5条に次のように規定されています。

（作業の届出）

第五条　事業者は、次に掲げる作業を行うときは、あらかじめ、様式第一号の二による届書に当該作業に係る**解体等対象建築物**等の概要を示す**図面**を添えて、所轄**労働基準監督署長に提出**しなければならない。

一　解体等対象建築物等に**吹き付けられている石綿**等（石綿等が使用されている仕上げ用塗り材（第六条の三において「**石綿含有仕上げ塗材**」という。）を除く。）の**除去、封じ込め又は囲い込みの作業**

二　解体等対象建築物等に**張り付けられている石綿**等が使用されている保温材、耐火被覆材（耐火性能を有する被覆材をいう。）等（以下「**石綿含有保温材等**」という。）の**除去、封じ込め又は囲い込みの作業**（石綿等の**粉じんを著しく発散する**おそれがあるものに限る。）

石綿を粉じんにして発散させると、人が呼吸器に吸い込むことによって健康障害が発生するので、発散させないように作業することが求められます。

③発注者の責務等

　解体作業の発注者と注文者に対して、発注者の責務と建築物の解体作業の条件について、石綿障害予防規則に次のように規定されています。

（発注者の責務等）

第八条　**解体**等の作業を行う仕事の**発注者**（注文者のうち、その仕事を他の者から請け負わないで注文している者をいう。次項及び第三十五条の二第二項において同じ。）は、当該仕事の請負人に対し、当該仕事に係る解体等対象建築物等における**石綿等の使用状況等を通知**するよう努めなければならない。

2　解体等の作業を行う仕事の発注者は、当該仕事の請負人による事前

調査等及び第三十五条の二第一項の規定による**記録**の作成が適切に行われるように**配慮**しなければならない。

（建築物の解体等の作業等の条件）

第九条　解体等の作業を行う仕事の注文者は、事前調査等、当該事前調査等の結果を踏まえた当該作業等の方法、費用又は工期等について、法及びこれに基づく命令の規定の遵守を妨げるおそれのある条件を付さないように配慮しなければならない。

建築物の解体作業の発注者は石綿の使用状況を通知し、記録の作成に配慮し、注文者は規定の順守を妨げる条件を付けないように配慮する必要があります。

14　電波法

電波法の目的と無線局の開設について、同法に次のように規定されています。

（目的）

第一条　この法律は、**電波の公平且つ能率的な利用**を確保することによつて、公共の福祉を増進することを目的とする。

（無線局の開設）

第四条　**無線局**を開設しようとする者は、**総務大臣の免許**を受けなければならない。ただし、次に掲げる無線局については、この限りでない。

ビル管理の業務で該当するトランシーバー（無線通信機）を使用する場合には、総務大臣の免許を受ける必要があります。

15　電気通信事業法

　電気通信事業法の目的と工事担任者による工事の実施及び監督について、同法に次のように規定されています。

　なお、本書では令和 5 年 6 月 16 日施行の内容に合わせています。

（目的）

第一条　この法律は、電気通信事業の公共性に鑑み、その運営を適正かつ合理的なものとするとともに、その公正な競争を促進することにより、**電気通信役務の円滑な提供**を確保するとともにその**利用者等の利益を保護**し、もつて電気通信の健全な発達及び国民の利便の確保を図り、公共の福祉を増進することを目的とする。

（工事担任者による工事の実施及び監督）

第七十一条　利用者は、**端末設備又は自営電気通信設備を接続**するときは、工事担任者資格者証の交付を受けている者（以下「**工事担任者**」という。）に、当該工事担任者資格者証の種類に応じ、これに係る**工事**を行わせ、又は実地に**監督**させなければならない。ただし、総務省令で定める場合は、この限りでない。

電気通信事業者の設備に利用者の設備を接続する工事は、工事担任者による工事または監督が必要です。

図表 5-4　工事担任者による工事・監督が必要な利用者の設備の接続

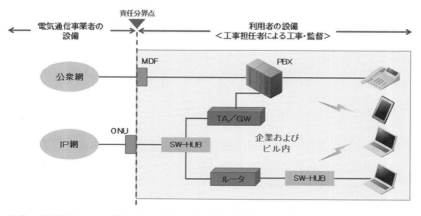

出典：総務省ウェブサイト「電気通信関係資格手続きの案内」(https://www.soumu.go.jp/main_sosiki/joho_tsusin/denkishikaku.html)

第5章のポイント

☐　労働基準法により、使用者は、満18歳に満たない者に省令で定める危険な業務に就かせ、または厚生労働省令で定める重量物を取り扱う業務に就かせてはならないと定められている。

☐　労働安全衛生法は、労働基準法と相まって、労働災害の防止のための危害防止基準の確立、責任体制の明確化、自主的活動の促進等により、労働者の安全と健康を確保し、快適な職場環境の形成を目的としている。

☐　労働安全衛生法により、事業者は労働者を雇ったときや作業内容を変更したときには、安全衛生教育を行わなければならない。

☐　労働安全衛生法により、事業者は、危険または有害な業務に労働者を就かせるときには、安全衛生特別教育を行わなければならない。

☐　ビル管理に関連する主な安全衛生特別教育が必要な業務には、労働安全衛生規則により、高圧・特別高圧電気及び低圧電気の取扱い、高さ10m未満の高所作業車の運転、小型ボイラーの取扱い、ゴンドラの操作、高さ2m以上のロープ高所作業、高さ2m以上のフルハーネス型墜落制止用器具を用いた作業などが定められている。

☐　エネルギーの使用の合理化及び非化石エネルギーへの転換等に関する法律は、エネルギーの使用の合理化、非化石エネルギーへの転換、電気の需要の最適化等を講じて、国民経済の健全な発展に寄与することを目的としている。

☐　騒音規制法により、指定された地域内の特に定められた工場等の設置者は、規制基準を順守しなければならないと定められている。

☐　騒音規制法により、指定された地域内の工場や事業場に特定施設を設置しようとする者は、市町村長に届け出なければならないと定められている。

☐　振動規制法により、指定された地域内の特定工場等の設置者は、規制基準を順守しなければならないと定められている。

☐　振動規制法により、指定された地域内の工場や事業場に特定施設を設置しようとする者は、市町村長に届け出なければならないと定められている。

☐　航空法により、高さ60m以上のビルなどの設置者は、国土交通大臣の許可を受けた場合を除き、ビルに航空障害灯を設置しなければならない。

☐　警備業法により、警備業を営もうとする者は、都道府県公安委員会の認定を受けなければならない。また、警備業務を行おうとするときは、都道府県公安委員会に届出書を提出しなければならない。

☐　警備業法の規定から、第1号に記されている施設警備を1号警備、第2号に記されている雑踏警備を2号警備、第3号に記されている運搬警備を3号警備、第4号に記されている身辺警備を4号警備という。

☐ フロン類の使用の合理化及び管理の適正化に関する法律は、オゾン層を破壊し、地球温暖化に影響をもたらすフロン類の大気中への排出を抑制するため、使用の合理化と管理の適正化を目的としている。

☐ フロン類の使用の合理化及び管理の適正化に関する法律により、エアコンディショナーや冷蔵機器、冷凍機器等の特定製品の使用に際し、フロン類の充填、回収、再生、破壊を適正に実施しなければならない。

☐ 建築物のエネルギー消費性能の向上に関する法律により、建築物の管理者についても、建築物のエネルギー消費性能の向上を図るよう努めなければならない。

☐ 建築物のエネルギー消費性能の向上に関する法律により、建築主は、政令で定める一定規模以上の建築行為をしようとするときは、計画を提出して、所管行政庁の建築物エネルギー消費性能適合性判定を受けなければならない。

☐ 建築物のエネルギー消費性能の向上等に関する法律により、政令で定める規模以上の建築物の建築については、所管行政庁への届出が義務づけられている。

☐ 個人情報の保護に関する法律により、個人情報取扱事業者には、個人データの漏えい防止等の安全管理や従業者、委託先の監督が義務づけられている。

☐ 個人情報の保護に関する法律により、防犯カメラの個人を識別できる画像データやセキュリティシステムの個人を識別するための生体情報も個人情報に該当する。

☐ 不正アクセス行為の禁止等に関する法律により、アクセス管理者は、識別符号の適正な管理、不正アクセス行為からの防御に努めなければならない。

☐ 酸素欠乏症等防止規則により、一般のビルでは、暗きょ、マンホール、ピット、ボイラー、タンク、地下室、汚水槽などが酸素欠乏危険場所に相当する。

☐ 酸素欠乏症等防止規則により、事業者は、酸素欠乏危険作業をさせるときは作業主任者を選任し、作業員に対しては特別の教育を実施しなければならない。

☐ 石綿障害予防規則により、石綿が使用されている建築物の解体作業を実施するときには、作業主任者を選任し、作業員に対しては特別教育を実施しなければならない。

☐ 石綿障害予防規則により、事業者は、建築物の解体または改修を行うときは、あらかじめ、解体等対象建築物等について、石綿等の使用の有無を調査しなければならない。

☐ 石綿障害予防規則により、事業者は、建築物に吹き付け、張り付けられている石綿を除去、封じ込め、囲い込む作業をするときは、事前に労働基準監督署に作業届を提出しなければならない。

☐ 電波法により、ビル管理の業務で該当するトランシーバー（無線通信機）を使用する場合には、総務大臣の免許を受けなければならない。

☐ 電気通信事業法により、電気通信事業者の設備に利用者の設備を接続する工事は、工事担任者によって工事または監督させなければならない。

索　引

著者紹介

石原　鉄郎（いしはら　てつろう）

建築設備士、建築物環境衛生管理技術者、電気主任技術者、電気工事士、施工管理技士「建築・管工事・電気工事」、給水装置工事主任技術者、ボイラー技士、冷凍機械責任者、エネルギー管理士、労働安全コンサルタント、消防設備士、工事担任者、浄化槽設備士ほかの有資格者。

建築物環境衛生管理技術者、電気主任技術者、エネルギー管理士などの法定選任経験のある実務経験者。20年以上にわたるビル管理業務を経験した後、技術資格講師として独立。

著書は、「建築土木教科書 ビル管理士 出るとこだけ！　第2版」（翔泳社・2020年）ほか多数。

一般社団法人　建設業教育協会　代表　https://k-k-k.jp

サービス・インフォメーション

──────────── 通話無料 ────

①商品に関するご照会・お申込みのご依頼
　　　　TEL 0120（203）694／FAX 0120（302）640
②ご住所・ご名義等各種変更のご連絡
　　　　TEL 0120（203）696／FAX 0120（202）974
③請求・お支払いに関するご照会・ご要望
　　　　TEL 0120（203）695／FAX 0120（202）973

●フリーダイヤル（TEL）の受付時間は、土・日・祝日を除く
　9：00〜17：30です。
●FAXは24時間受け付けておりますので、あわせてご利用ください。

──────────────────────

改訂版　はじめての人でもよく解る！
やさしく学べるビル管理の法律

2020年1月20日　初版発行
2023年3月10日　改訂版発行

著　者　石　原　鉄　郎

発行者　田　中　英　弥

発行所　第一法規株式会社
　　　　〒107-8560　東京都港区南青山2-11-17
　　　　ホームページ　https://www.daiichihoki.co.jp/

やさしくビル管改　ISBN978-4-474-09147-4　C2033（0）